アンドレア・ディ・ロビラント

ヴェネツィアのチャイナローズ

失われた薔薇のルーツを巡る冒険

堤けいこ 訳

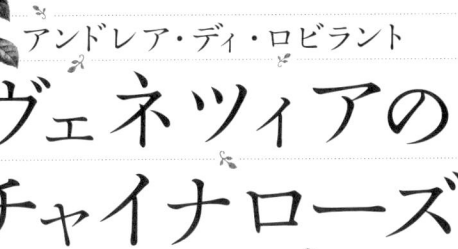

ヴェネツィアのチャイナローズ

失われた薔薇のルーツを巡る冒険

目次

挿画　ニナ・フーガ

母、エリザベス・ストークスに

第一章　アルヴィゾポリ

見わたすかぎりの畑にトウモロコシが実をつけはじめた、ある初夏の日のことだった。草色の海とおなじ高さで広がるヴェネツィアの村は、あたかもここにいると手をあげているかのごとく、トウモロコシの茎のあいだから、鐘楼の先端をのぞかせていた。イタリア本土のヴェネツィアを北に向かって車を走らせていたわたしは、狭い裏道に幾度となく迷いこみながら、「アルヴィゾポリまで二キロ」と書かれた古い標識に行き当たった。

わたしの家とその小さな町の縁が途絶えてから、すでに半世紀がたつ。それでもわたしは、アルヴィゾポリという名前を聞くたびに懐かしさすら覚え、自分の知らない世界でありながら、奇妙な郷愁のようなものに想像力を掻き立てられた。

アルヴィゾポリは、わたしの六世の祖にあたるアルヴィゼ・モチェニーゴが、独自の発想で築いたコミュニティーだった。十八世紀が幕を閉じようとするころ、彼はモチェニーゴ家がイタリア本土のヴェネツィアに所有していた広大な湿地を、開拓精神に導かれて開墾しはじめた。いにしえのヴェネツィアでは、支配階級特有のデカダンな傾向とは相容れない考えではあったが、アルヴィゼは、地所で働く者とその家族にまともな住まいと健康保険を提供し、最高水準の技術を学ぶ教育制度まで導入する。農業と製造業からなるこの模範的なコミュニティーは、小規模ながらも立派な町へと発展。彼の名をとって「アルヴィゼの市」となったのである。

一七九七年のヴェネツィア共和国の崩壊後も、苦しい財務状況や連続して起こった戦争を乗り越え、繁栄をつづけたアルヴィゾポリは、ナポレオンの時代に最も著しい発展を遂げた。ところがアルヴィゼは、イタリア王国が滅亡して間もない一八一五年、道半ばにして世を去る。彼が描いた夢想的で壮大な計画は、未亡人となったルチアの細い肩にかかり、それから息子のアルヴィゼットに、そして孫へと引き継がれた。だが残念なことに、アルヴィゾポリのユートピア的な完成度と熱意は少しずつ失われ、十九世紀が終わるまでには、周辺の町や村となんら変わりのない農業中心の地所になっていた。唯一のちがいは、その地域ではあまり例がないほど、きわめて広大なことだった。

わたしの祖父のアンドレア・ディ・ロビラントは、第一次世界大戦が終結すると、モチェニーゴ一族の子どものいない二人の叔母から、その地所を相続した。しかし、借金の返済に追われた祖父が、地所を切り売りしてしまった。新しい地主たちは、耕作を引き継いだものの村を放棄し、一族が代々住んできたヴィラの本館から周囲の建物にいたるまで、すべてが廃屋となった。小さなゴーストタウンと化したアルヴィゾポリは、長きにわたって、ヴェネツィアの片田舎で忘れ去られていた。ところが一九八〇年代の半ば、ヴェネト州の行政機関が介入し、アルヴィゾポリに残る古い建物を低所得者用の住宅に改築した。それからおよそ二十年後、わたしは遅まきながらも、幼かったころ耳にしていた先祖の地所への巡礼をはたそうと、近辺を走りまわっていたのだ。

わたしは、トウモロコシ畑に囲まれた道からまっすぐ町の中央広場にでて、古めかしいバール・モチェニーゴの前で車をとめた。十九世紀初期から新たな建物が加わることもなく、町並みは往年の姿をとどめている。だが、新しい住人のいるヴィラの本館に来てみると、古い時代に足を踏み入れたかのような印象は、瞬く間に消失した。あちこちの窓辺から丸いパラボラアンテナがのぞき、所帯じみた洗濯物も目に入った。ヴィラの裏手に行くと、いくつかに区切られた菜園が、雑草の茂るがままになっている。どこか哀愁を帯びたその場所は、冷戦時代の東欧を彷彿とさせ、みすぼらしささすら感じさせた。

元気づけのグラッパでも一杯引っかけようと、わたしがきびすを返してバール・モチェニーゴに戻ろうとしたとき、でっぷりした背の低い男が、鍵束をジャラジャラといわせながらヴィラのなかからあらわれた。どうやらヴィラの管理人らしい。「ベニート・デッラ・ヴィアです。ご用件をうかがいましょうか？」と、その男は言った。わたしの先祖が、かつて地所を相続していたことを話すと、彼の目の色が一変し、「ついてきなさい」とわたしに告げた。目的地に到着すると、その男、ベニートは、鍵束から一握りの鍵をとりだし、十九世紀初期にアルヴィゼ・モチェニーゴが建てた小さな教会のなかへ、わたしを導き入れた。ベニートは、アルヴィゼをはじめ幾人かの亡骸が眠る大理石の板を指さし、「これがあなたのご先祖さまの墓石です」と言った。

そこでわかったのは、ベニートは公式な管理人ではなく、みずから管理人役を買ってでているということだった。集合住宅に改築されたヴィラの一階に住む彼は、理事会から管理の仕事をまかされ、妻のジュディッタのほうも、中庭の植えこみや花の手入れを引き受けている。コーヒーでも、と招き入れられたベニートの自宅の居間の壁には、鉢植えの花や聖書の一場面、そしてヴェネツィアの風景を刺繍した額が、ところ狭しと飾られていた。いずれも、ホテルのポーターを引退した彼が、余技としてはじめた習いごとの成果だ。

コーヒーを飲み終えたベニートは、椅子から腰をあげて、もう一度自分についてくるよう、わたしに言った。「公園を見せてあげましょう」。わたしは言われるがまま、彼のあとにつづいた。ヴィラの裏手にある菜園を抜けると、塗装のはがれた古い門にでる。ベニートは鍵束をとりだし、門の錠を開けた。門の向こうには林があった。背の高い木や茨《いばら》が鬱蒼《うっそう》と生えた林は、ところどころで水が溜まり、腐りかけた丸太もあちこちに転がっている。節だらけの西洋ツゲの生垣や朽ちたベンチがある散策路は、すっかり荒れ果ててはいるものの、豪奢な暮らしの面影をほうぼうで偲ばせる。とはいえ、過去の生き方をとうに忘れた公園は、すでに野生に帰っていた。

低木の茂みに入ると、ベニートがなにかを捜しはじめた。そのへんにわたしに見せたいものがあるようだ。ほどなくして、彼は空き地のところで足をとめ、じつに愛らしいピンクの花でおおわれた、背丈が一メートルにも満たない薔薇の木を指さした。あたりのようすがようやく見えはじめたわたしは、その近くで、おなじような薔薇が咲いていることに気づいた。林に時が流れるうちに、あたかも秘密の花園が出現したかのようである。

わたしはすぐそばの薔薇に歩み寄り、一輪摘みとった。花びらのピンクは銀色を帯び、花芯に近いほど色が薄く、外に向かうほど濃い。直径八センチほどの花は華奢なつくりで、ながめている間に手のなかで崩れ、花びらがはらはらと散った。香りは強く、桃やラズベリーを連想させる。わたしは薔薇に関して詳しくなかったものの、柔らかな色合い、甘い香り、そして花のはかなさが、長いあいだ林で生きてきたことに意味をもつ、古く貴重な薔薇だと告げているように思えた。たたずまいは謎めいていながらも、自己主張しているのだ。

「みんな、ローザ・モチェニーガと呼んでますがね、品種を特定できる者はおらんし、どうしてアルヴィゾポリのこんなところで育っているのか、だれも知らんのです」。わたしが、多少なりともなにか知っていることを期待するように、ベニートが言った。

　内気で穏やかな話し方をするジュディッタは、自宅に接した中庭でその薔薇を鉢に植えて育てている。いとまごいをするわたしに、ベニートが白いビニール袋で包んだ小さな薔薇の苗木を差しだした。「これをもって帰るといい。ここが思いだせますよ」。わたしは、帰宅後すぐに庭に植えかえることを二人に約束し、ヴィラを立ち去った。

　わたしの家は、ヴェネタ潟に浮かぶジュデッカ島にある。お恥ずかしい話だが、わたしは自宅の小さな庭を、潟特有の湿った気候にまかせたまま、見るも無残な状態で放っていた。芝生はところどころはがれて苔が生え、西洋ツゲの生垣は育ちすぎていた。紫陽花《あじさい》が日陰で重いこうべを垂れ、椿は鉢のなかで発育を止めていたばかりか、からからに乾いたゼラニウムの鉢も、庭のあちこちに転がっている。夏になるたび、パーゴラ〔木材を組んでつる上の植物をはわせる棚。日陰棚、緑廊〕にからませた蔓《つる》が隣家のリンゴの木にまで勢力を伸ばし、わたしの手にあまった。掃除道具はつねに散乱していたが、朝早くごみの収集車を逃したときは、ごみの袋さえ置いてある。庭と呼ぶより、単なる「家の外」といったほうがふさわしいその姿に、われながらなんとみすぼらしい場所だろうと思っていた。

　わたしはアルヴィゾポリから戻ると、根づいてくれることを祈りながら、陽のあたる場所に穴を掘って、その薔薇を植えた。しかしその後は、肥料を与えず、枯れ枝を切り落とす手間も惜しみ、周囲に生えた雑草を抜くことすらしなかった。それでも薔薇はよく育ち、秋中花をつけ、小さくても優美なシュラブローズ〔半蔓性の薔薇。カテゴリーに属さないさまざまな系統の薔薇を指す場合があり、性質は多岐にわたる〕になった。ヴェネタ潟から凍るように冷たい北風《ボラ》が庭を吹き抜ける冬、ほとんど葉を落としたその薔薇の木は、逆境に抗うかのごとく、荒れた地面に力のかぎりしがみついていた。おそらく冬は越せまい、とわたしは思いながら、闘う薔薇の姿を家のなかから眺めた。ところがその薔薇には耐寒性があったらしく、寒気が遠ざかるやいなや、闘い終えた手足を思いきり伸ばしはじめたのだ。そしてほんの数日後には、いまにも開きそうな蕾《つぼみ》を、数えきれないほどつけた。

その春、わたしは庭を片づけて生垣を体裁よく刈りこみ、クレマチスや匂いゼラニウムを鉢に植えた。芝

生から苔をとり除くと、新たに芝の種さえまいた。謎に包まれた薔薇は、以前にも増して大きく育っていた。ヴェネタ潟をわたる潮風に甘い芳香も放つ——薔薇のために、せめて見苦しくない環境にしておこうと、わたしは思った。

第二章　マルメゾン城

しばらくのあいだ、わたしは「ローザ・モチェニーガ」をあまり気にかけなかったが、薔薇は成長をつづけ、三月初旬から十一月下旬まで、惜しげもなく花を咲かせた。芳しい香りをさせるピンクの薔薇の、どこか謎めいた雰囲気を愉《たの》しみ、わたしはそれで満足だった。ところが、ヴェネツィア記録保管所でのある偶然の発見から、わたしはその薔薇のルーツを追わずにはおれなくなっていた。

引き金となったのは、わたしが先祖の手稿を調べていたときに、フォルダーのあいだから床に滑り落ちた、ぼろぼろに傷んだ大型のノートだ。それは、終焉を迎えつつあった第一

帝政時代のパリで暮らした、ルチア・モチェニーゴの日記だった。わたしは腰をおろし、六代前の祖にあたる彼女が、せっせとペンを走らせて、小さな字でつづった事柄の一つひとつを、食い入るように目で追った。自分でも信じがたいことに、薔薇に憂き身をやつすあまり滅びかねない世界に、わたしはすっかり入りこんでいたのである。

ルチアは、パリのリセ〔官立の中等学校〕にかようことになった息子のアルヴィゼットともに、一八一三年の夏にパリに移住した。アルヴィゾポリを築いた夫のアルヴィゼは、ヴェネツィア共和国を侵略した皇帝ナポレオンが北イタリアに興した「イタリア王国」の、上院議員になった。ナポレオンの支配下に置かれたヨーロッパ各地の有力者たちは、次世代を帝国に忠良な臣民に仕立てあげたいナポレオンの意図により、子息をフランスの学校にかよわせることが義務づけられていた。当初は息子のパリ行きに難色を示したルチアも、一緒に暮らすという条件で同意したのだ。

ルチアは、パリに友人が多かったわけではない。しかし、数少ない親しい友人のなかには、世継ぎを産めないという理由でナポレオンから離縁されたあと、マルメゾンに城館を建てた、皇后ジョゼフィーヌ〔皇后の称号は生涯保持することが許された〕がいた。ナポレオンがヴェネツィ

ア共和国を征服した一七九七年に、ルチアはヴェネツィアでジョゼフィーヌと出逢っている。傀儡《かいらい》国家のイタリア王国ができると、ジョゼフィーヌが前夫とのあいだにもうけた息子のウジェーヌ・ド・ボアルネが、イタリア副王の座についた。ルチアはウジェーヌの住むミラノの宮殿で女官となり、ジョゼフィーヌとの旧交を温めることができた。ナポレオンとジョゼフィーヌのロイヤルカップルが離婚した一八一〇年、皇帝が新たな妻として迎えた十八歳のオーストリア皇女、マリー＝ルイーゼとの婚礼には、ルチアとアルヴィゼもイタリア使節団の一員として参席した。だがルチアは、宮廷のひんしゅくを買うことは覚悟のうえで、結婚の祝賀期間中は追放の身となっていた前妻のジョゼフィーヌに逢うために、寂れたマルメゾンまで足を運んだ。ルチアの友情の意思表示に、ジョゼフィーヌも感謝している。

一八一三年、パリに到着したルチアは、フォーブール・サンジェルマンの小さなアパルトマンに落ちつくと、マルメゾンへ馬車を走らせ、元皇后とほぼ三年ぶりの再会を果たす。マルメゾン城の玄関ホールのとなりには、黒と白の市松模様の床に緑色の壁紙でしつらえた、エジプト趣味のビリヤード室があった。ジョゼフィーヌはそこで、ルチアとアルヴィゼットを待っていた。二人が部屋のなかへ入ったとたん、ジョゼフィーヌの胸元にとまっていた鮮やかな色のインコが、ジョゼフィーヌの髪飾りの花を猛烈な勢いでつつきはじめた。ジョゼフィーヌがそれに動じることはなかったものの、ルチアは、今度はインコがジョゼフィーヌの三連になった真珠の首飾りをつっきはしないかと気になり、彼女がそれを首から外すまで、あいさつを中断しなければならなかった。ルチアの日記には、その再会のようすが面白おかしくつづられている。ルチアの鋭い観察眼が、ジョゼフィーヌの首元で輝いていた真珠を「十万フランは下らない」と値踏みするには、そのわずかな時間で充分だったようだ。

マルメゾン城は、ルチアにとって別宅のようなものになった。かしこまらず、ゆったりとすごせる雰囲気があり、訪問時にルチアが居合わせたのは、たいてい二、三人の親しい友人か家族のみだ。ジョゼフィーヌの孫たち（オランダ国王に嫁いだ娘のオルタンスが産んだ息子と娘）と遊ばせるために、ルチアはときどきアルヴィゼットを伴い、週末に訪れた。大人たちは、

ジョゼフィーヌの好きなトランプ遊びのボストンに興じ、天気が好ければ、城の敷地を心ゆくまで散歩した。

スコットランド人の庭師で造園設計家のトーマス・ブレイキーは、マリー・アントワネットの寵愛を受けたことでよく知られている。マルメゾン城の庭園は、フランス革命の前に彼がつくっていた。イギリス式の眺望《ア・ラングレーズ》をもち、周囲の田園にしっくり溶けこんだその庭園の趣《おもむき》を、ルチアはとりわけ気に入っていた。

ジョゼフィーヌの植物に対する関心は、ひじょうに多岐にわたった。マルメゾンの庭園や温室は、エリカ、多肉植物、そしてペラルゴニウム〔天竺葵〕など、ありとあらゆる種類の珍しい花や木であふれ返っていた。とはいえ、彼女が虜《とりこ》になったのは、ほかでもない薔薇である。ジョゼフィーヌはいつになく奥ゆかしさを見せ、比較的平凡な二十六品種の薔薇を手はじめとして、庭に自然な景観を生みだすように植えた。しかし、たちどころに蒐集家精神が頭をもたげ、平凡な薔薇では満たされなくなった彼女は、珍しい園芸品種を鉢に植えて温室に並べるようになるのだ。彼女が集めた品種や変種は、ルチアがマルメゾンを訪問するまでには二百以上にふくらみ、帝国中の熟年の貴婦人《グランダーム》たちの羨望の的となった。

薔薇への情熱を満足させるだけの術が、ジョゼフィーヌには無尽蔵にあった。マルメゾンにはない珍種の薔薇を手に入れるために、ありとあらゆる手を尽くした。彼女に薔薇を調達したのが、アンドレ・デュ・ポンである。彼は、郵便業務につきながら、パリ植物園《ジャルダン・デ・プラント》では薔薇のしもべ《セルヴィタール》となった。また薔薇の蒐集家としても、当時は彼の右にでる者はいなかったようだ。そして国内ばかりか海外からも薔薇をとり寄せていたジョゼフィーヌは、ロンドン西部のハマースミスにある著名な育苗園リー&ケネディから、定期的に薔薇を買った。

繁盛していたイギリス東インド会社は、苗木を休ませる目的でカルカッタに広大な庭をもうけていた。そこを経由し、中国からイギリスに入ってくる貴重な薔薇の入手に、ジョゼフィーヌはとりわけ心魂を傾けた。ところがフランス革命中に、フランス版東インド会社のコンパニ・デ・ザンデが消滅。イギリス人が中国原産の植物の輸入を独占し、フランス人は締めだされた。だがジョゼフィーヌには、それが欲しいものをあきらめる理由にはならなかった。戦争ですら、彼女の欲望を抑える要因にはならなかったのである。彼女は、だれもが欲しがっていた〈ロサ・インディカ・オドラータ *R. indica odorata*〉（のちに〈ヒュームズ・ブラッシュ・ティーセンティッド・チャイナ〉として知られるようになる）が、中国の広東地方にある花地《ファティ》育苗店から、イギリスのハートフォードシャーにあるエイブラハム・ヒューム卿の庭園へ向かっていると耳にしたとき、フランスとイギリスの海軍本部のあいだに協定を結ばせて、見本の苗木を彼女のところへ運ぶ算段さえつけた。

イギリスを封じこめようとしたナポレオンの大陸封鎖令にも、ジョゼフィーヌは屈しなかった。種や苗木が海峡を横断してマルメゾンに入ってくるための謀《はかりごと》をめぐらせ、リー&ケネディを経営するジョン・ケネディに特別許可を与えるよう、皇帝を説得した。ルチアがパリに移住した年には、東インド会社をとおして中国からイギリスに入荷したばかりの、少なくとも四種類の新しい薔薇を、ケネディはジョゼフィーヌに調達している。そのなかには、〈ロサ・キネンシス *R. chinensis*〉、〈ロサ・ムルティフロラ *R. multiflora*〉、そして〈ロサ・キネンシス・センパフローレンス *R. chinensis semperflorens*〉が含まれていた。〈ロサ・キネンシス・センパフローレンス〉は中国で作出された園芸品種だったものの、東インド会社で重役をしていたギルバート・スレーターにちなんで、〈スレーターズ・クリムゾン・チャイナ〉と名づけられた。ヨーロッパの薔薇の色にはじめて赤が加わることになったのは、この薔薇のおかげである。

わたしが把握するかぎり、ルチアは蒐集に熱中するような性格ではなかった。薔薇に対する彼女の愛情にしても、当時よく見られたような、強迫観念になっていたわけではない。ところが、パリで暮らしはじめるまで見せなかった植物への興味は、ジョゼフィーヌと

の交遊によって、著しく発展する。ジョゼフィーヌのほうも、ルチアが真摯にその趣味を追うよう、彼女の背中を押した。自然科学研究において重要な機関となっていたパリ植物園で、植物学の教授を長年つとめていたルネ・デフォンテーヌをルチアに紹介したのも、ほかならぬジョゼフィーヌだ。

デフォンテーヌ教授は、はじめて植物園を訪れたルチアをみずから案内し、外国で採集されたかずかずの樹木のほか、二万種を育てているハーブ園、茸《きのこ》の地下展示室、珍しい植物の果実を研究する場所などを見せてまわった。彼女はそこで目にしたパンの木になった実に驚き、「パンのように薄切りにして、オーブンで焼いて食べられるのです」と日記に書いた。

ルチアは、この高名な植物学者から知遇をえたようだ。彼女はその後、植物園の階段教室で開かれるデフォンテーヌの講義に、毎日出席するようになった。「講義を聴く者のうち、わたくしたち婦人は十二人で、階段教室の低い場所に座っておりました。殿方——ほとんどがお若い——は、低い手すりの背後で立っていらっしゃいました」と、はじめて授業にでた日のことをつづっている。外国の将校も二、三人交じり、彼女のすぐ背後に、作曲家のルイジ・ケルビーニがいたことにも気づいていた。音楽家として人気が衰えていた彼は、私設のハーブ園をつくり、いうなれば情勢の変化を静観する構えだったようだ。ルチアはこんなことも書いている。「授業が終わるやいなや、ご婦人方は椅子から跳ね、学生たちがもち帰るようになっていた木や花に、猛烈な勢いで飛びかかったのです。わたくしがようやく講義室の前のほうへでられたときには、一つも残っておりませんでした。新入りですもの、最初からわかろうはずがございません。けれど今後は、わたくしの分の鉢を、かならずや手にいたします」

　勉強熱心なルチアは、決して授業を休まなかった。デフォンテーヌのもとで植物学を学べることが、どれほどの光栄に浴するか、充分に理解していたからだ。パリ植物園の雰囲気に刺激を受け、そこですごす時間はますます長くなってゆく——。伝説的な主任庭師のジャン・トワンも、植樹技術から肥料の調合までのあらゆる知識を、個人的にルチアに教えている。ジョゼフィーヌが後ろ盾となって、彼女に薔薇を調達していたムッシュー・デュ・ポンを訪ねたルチアは、彼からは接ぎ木のこつを伝授された。ルイ・ノワゼット（のちに彼と弟のフィリップが、薔薇の名門「ノワゼット」を生むことになる）がサンジャック通りで営んでいた育苗園にも、ルチアは足繁くかよった。

　薔薇に対するジョゼフィーヌの情熱は、庭園を見せびらかし、珍しい薔薇を手に入れて、注目されたいと思っていたフランス帝国の貴婦人たちのあいだで、少なからぬ競争心をあおった。パリ社交界は、「薔薇熱《ロゾマニー》」——薔薇への偏執狂的な愛着を描写する新語——にとりつかれているとさえいわれた。ルチアは、昼餐《ちゅうさん》会やレモネードを飲みながらの午後の集いに、自分の趣味に利となる散歩の機会があるとわかると、ためらうことなく誘いに応じた。わけても、フォーブール・サントノレのアンジュー通りに住むマダム・クロフォードへの訪問は、心から愉しんでいた。彼女は、ジョゼフィーヌの旧友の一人で、六十歳を越えていたが、若いころとたがわぬ美貌をもち、冒険的でスキャンダラスな過去があるにもかかわらず、まさしく熟年の貴婦人《グランダーム》の典型といえる。マダム・クロフォードの人生物語は、彼女の庭の美しい薔薇とおなじだけ、ルチアの心を惹きつけた。

　マダム・クロフォードは、イタリアはトスカーナ地方の小さな町で、「アンナ・エレオノーラ・フランキ」として生まれた。十五歳になるころには舞台に立ち、芝居をしたり踊ったりしていた。ヴェネツィアのカーニバルで彼女を見初めたヴュルテンベルク公爵は、彼女をウィーンまで連れて帰った。その後、彼女は公爵の子どもを二人産んだものの、結局、捨てられてしまう。そこで彼女は踊り子時代に戻ったがごとくのしなやかさで、オーストリア大公のヨーゼフ二世を誘惑し、軽々と窮地を脱する。しかし、未亡人となっていたマリア・テレジアは息子の情事を見過ごさず、アンナ・エレオノーラをオーストリア帝国から追放する。彼女はくじけることなく、パリに住む新しい愛人、マレ・デイグルモンのもとへ向かった。そしてパリで暮らしはじめた彼女は、サリヴァンというイギリス人〔アイルランド人とされることもある〕とすぐに恋に落ち、デイグルモンをあっさり見かぎると、サリヴァンと結婚して東インド会社のある東洋へと旅立つ。サリヴァン夫人は、こともあろうにかの地で、自分にとって最も似合いの男と運命の出逢いをしてしまうのだ。その男、スコットランド人銀行家のクインティン・クロフォードは、「マニラ・ネイボブ」〔マニラで一財産をつくったイギリス人の富豪〕の異名をとるほどの成金実業家として、その名をとどろかせていた。連れだってヨーロッパに戻った二人は、パリに住居を構え、クロフォードは資産を増やしつづける。マリー・アントワネットの財務顧問となった彼は、フランス革命が勃発すると、王党派の陣地にとどまった。そして一七九一年、ルイ十六世とマリー・アントワネットの運命を決定することになった「ヴァレンヌ逃亡事件」に、手を貸すのである（王と王妃のために馬車を用意し、偽名のパスポートをロシア大使館で手に入れたのは、アンナ・エレオノーラだった）〔彼女は当時、王妃の愛人といわれたスウェーデン人の貴族、フェルセンと愛人関係にあったとする説もある〕。ギロチンをまぬかれるためにベルギーで逃亡生活を送っていたクロフォード夫妻は、うまく裏工作をした政治家のタレーランの力添えで、一七九五年にパリに舞い戻る。クロフォードは相変わらず羽振りがよく、オテル・ド・マティニョンに居を定めた。一八〇八年にタレーランがその巨大な屋敷を買いとり、クロフォード夫妻は、タレーランが「プティオテル」〔貴族が都市滞在用にもった豪華な別宅〕として使っていたアンジュー通りの屋敷に移った。マダム・クロフォードは、のちに世間の話題をさらう美しいローズガーデンづくりに、その屋敷の庭で着手したのである。

　ルチアは、この非凡な女性との親交が深まることを歓迎し、ある日の訪問については、「わたくしたちは今日、二人きりですごせました」と日記に書きとめている。そしてまさにその日、いつもの散歩の終わりに、ルチアはマダム・クロフォードから〈ロサ・ムルティフロラ・カルネア *R. multiflora carnea*〉を見せられるのだ。それは、中国からヨーロッパに入ってまだ日の浅い、パリの薔薇栽培家たちですらなかなか目にできないような、ひじょうに珍しい薔薇だった。みごとな八重咲きの、ほんのり紅をさしたようなクリーム色の球形で、甘い香りのするその薔薇を、イタリアに帰国するルチアにもたせようと思ったマダム・クロフォードは、挿し木用の枝を切るよう庭師に指示した。

ルチアは、その枝と花を二つか三つもって、サンジャック通りのルイ・ノワゼットを訪ねた。育苗家の彼は、それをしげしげと眺めたあと一瞬肩をすぼめ、自分のところでは「少なくとも三年前から」おなじような薔薇を育てている、と得意顔で言った。彼はまた、アメリカのサウスカロライナにあるチャールストンで、評判のいい育苗園を開いていた弟のフィリップ・ノワゼットが、中国から薔薇の種をとり寄せている話に加え、イギリスに運ばれた百五十株の薔薇のいくつかが海峡封鎖をくぐり抜け、サンジャック通りの自分の育苗園にたどり着いたことも、ルチアに話して聞かせた。〈ロサ・ムルティフロラ・カルネア〉についてムッシュー・ノワゼットがルチアに語った話が、もし事実だとしたならば、一八一三年にケネディからこの薔薇を仕入れたジョゼフィーヌには、あえてわたさなかったことになる。

薔薇熱《ロゾマニー》の絶頂期には、だれがいつどんな薔薇を見せたかが、きわめて重要な事柄だった。

それゆえ、偉大なるノワゼットがルチアを感心させようとしたおりに、〈ロサ・ムルティフロラ・カルネア〉を最初にフランスにもちこんだのは、じつは自分ではないと述べなかった点は注目に値する。それをやってのけたのは、革命中においしい契約を市役所からとりつけて一財産を築いた、元俳優のジャン・フランソワ・ブールソウル（芸名は「マレルブ」、あるいは「雑草」）である。彼は、ピガール地区のブランシュ通りに広大な土地を買い、巨大な温室を建てて、世界各国から集めた貴重な植物を育てていた。ブールソウルの庭園は一般に公開され、つねに大勢の見学者が押しかけた。彼は、植物学や園芸についてはほとんど無学だったものの、植物に対する偽りのない情熱と、育種家としての本能をもっていた。しかも彼は充分に財力のある策略家でもあったため、ジョゼフィーヌがケネディから仕入れた年より五年も早い一八〇八年に、ひじょうに希少な〈ロサ・ムルティフロラ・カルネア〉を、イギリスから密輸することに成功している。海峡封鎖をいかにしてくぐり抜けたのか、ブールソウルが暴露することはなかったが、ドーヴァー海峡を無事に越えた薔薇は、フランスの地に根を張り、数年のうちにみごとな花を咲かせた。

一八一四年の春、ナポレオン帝国は崩壊した。アレクサンドル一世が軍を進め、パリを占領した。この全ロシア皇帝はパリに滞在中、幾度かマルメゾンのジョゼフィーヌを表敬訪問している。彼との散歩中、ジョゼフィーヌは夜風にあたって風邪を引き、それをこじらせて肺炎を起こすと、あっけなく絶え入った。ルチアをはじめ多くの友人たちが、この突然の訃報に驚き、嘆き悲しんだことはいうまでもない。

復古王政でブルボン家が返り咲くと、もはやルチアには、アルヴィゼットをリセにかよわせる理由はなかった。息子とともに故国に帰り、夫のもとで暮らすときが訪れたのである。ルチアは、パリで学んだことのすべてをアルヴィゾポリで活かしたいと願い、ヴィラの周囲に薔薇を植える計画を立てたばかりか、ヴィラの裏手の林を風流な公園に変える構想まで練った。

パリ植物園で知り合った人びとに、別れを告げる日がやってきた。デフォンテーヌは、園芸家志望者のあいだで人気の高かった『ル・ジュヌ・ボタニスト（*Le Jeune Botaniste*）』〔若い植物学者〕を一冊、修了記念の品としてルチアに贈った。彼は、グアドロープ島に住む植物学者のオーギュスト・プレが、父と息子の会話形式で著したその本が、ルチアがときおり講義に連れてきていたアルヴィゼットに、いつの日か役立つのではないかと考えたのだ。

また、ルチアに修了証書を授けたデフォンテーヌは、アルヴィゾポリでも育つような樹木や灌木《かんぼく》、花の名前を書きだし、彼女のためにリストをつくった。主任庭師のジャン・トワンは、種《たね》の保管所に入る許可をルチアに与え、いるだけの種をもち帰らせた。そしてルチアは、薔薇の栽培について最後の助言を求めるべく、帰国する直前にムッシュー・デュ・ポンを訪ねた。一方、サンジャック通りのムッシュー・ノワゼットの育苗園では、デフォンテーヌ教授のリストに添って集めた苗を、木箱に詰める作業に追われていた。残念ながら、リストはある時点で消失したらしく、ルチアがイタリアにもち帰ったと思わしき薔薇は、わたしのかぎられた知識で想像するしかない。ノワゼットがルチアのためにわざわざ接ぎ木をした〈ロサ・ムルティフロラ・カルネア〉に加えて、「ローズ・パナシェ」〔斑入りの薔薇〕（おそらくこれは〈ロサ・ガリカ・ウェルシコロル *R. gallica versicolor*〉のことらしく、別名の「ロジエ・ア・フリュール・パナシェ」〔斑入りの花の薔薇〕で呼ばれることがある）、「ローズ・アネモネ」〔アネモネ似の薔薇〕（たぶんガリカ系〔欧州中南部、およびトルコやコーカサス地方原産の薔薇。ガリカローズ〕の一種で、品種改良で功績を遺した薔薇栽培家のジャック＝ルイ・デスメが作出した「ローズ・ア・フォルム・ダネモネ」〔アネモネ形の薔薇〕のことのようだ）、そして「ローズ・ア・キャラフ」〔水差し入りの薔薇〕（察するところ、これもデスメが自分の目録にのせたもう一つのガリカ系「オルヌマン・ド・キャラフ」〔水差しの飾り〕のことか？）の記載が、彼女の日記に残っている。また、ルチアは日記で、デュ・ポンが蒐集する薔薇のなかから、現在は絶滅してしまった〈ロサ・ピンピネリフォリア *R. pimpinellifolia*〉を親とする〈ル・ベル・ロール〉〔美しいロール〕と、はじめてデスメが手に入れたガリカ系の〈メル・ジゴーニュ〉〔子だくさんの母〕の、その二品種についても言及している。

一八一四年の八月の終わり、ルチアはみずから集めた薔薇の種や挿し木、そして苗木をたずさえ、パリをあとにした。彼女の日記は、帰国と同時に終止符が打たれている。わたしは、ヴェネツィアの記録保管所でその手書きの日記を棚に戻しながら、明らかになった事実について、考えを巡らせていた。そして、パリからヴェネツィアに向かう馬車の荷台に高く積まれ、ゴトゴトと音を立てていた木箱のなかに、アルヴィゾポリで野性化している「ローザ・モチェニーガ」が入っていたことを、ほぼ確信していた。

一方、ルチアがパリから戻ると、地所は荒廃していた。最初はフランス軍、それからオーストリア軍の侵攻によって、田畑はことごとく踏み荒らされた。作物は全滅し、薪にするために木々が切り倒され、穀物倉庫もすっかり空になっていた。病に伏した夫のアルヴィゼが、一年もしないうちに死の床を迎えると、土地を守る役割は、すべてルチアに託された。しかし、ルチアは悲しみに暮れるひまもなく、アルヴィゼットのために果敢に立ちあがった。過酷な状況が数年つづいたのち、アルヴィゾポリは次第に活気をとり戻してゆくのだ。それは、ルチアがフランスからもち帰った花や木が根づき、地所を美しく彩るようになったころのことだった。

ルチアは、ヴィラの裏の林から茨のからまる藪《やぶ》や灌木を一掃し、プラタナス、シデ、オーク、西洋モチノキ、ニレ、トネリコ、ブナなど、もともとあった大木を残した。新たな仲間に、シルバーメープル〔銀楓〕とレッドメープル〔アメリカ花の木〕、カヌーバーチ〔北米原産の白樺〕、イースタンレッドシダー〔鉛筆柏槙〕、そしてアメリカ楓《ふう》〔紅葉葉楓〕など、パリから運んだ北米原産の樹木を加えた。それから彼女は、散策路を整備し、中央の大きな池には水が注ぎこむよう運河を掘り、散策路の両脇には背の高い西洋ツゲを植え、運河に架けた橋と散策路に沿って大理石の像を配した。運河を掘ってでた土を利用し、公園のあちこちに小高い塚をもうけると、それぞれの塚の上に、西洋モチノキ、オーク、そしてプラタナスを植栽する。塚の頂上に建てた望楼へは、螺旋状の小路を登ってたどりつけるようにした。公園の中心となる池に浮かぶ小島に、手漕ぎボートでわたることもできた。公園に華やかな装飾と色彩を添えていたのが、そこここに集めて植えた薔薇である。

パリ植物園で出逢ったデフォンテーヌ教授と友人たちが、もしもその公園を見ることができたなら、ルチアの才芸を誇りに思ったにちがいない。

公園は、ルチアの二代あとまで美観を保ち、オーストリアと戦うイタリア軍に接収された第一次世界大戦のさなかでさえ、存在しつづけた。しかしながら、戦後間もなく地所を相続したわたしの祖父には、農業を営むだけの辛抱強さがなかった。祖父は、一九二〇年代は贅沢に暮らしていたが、一九三〇年代にさしかかるころには借金がふくらみ、アルヴィゾポリを手放した。ルチアがつくったみごとな公園は手入れをする者もなく、やがて野生の姿に戻っていった。唯一、公園にやってきたのは、村の子どもたちだ。木登りをし、盛夏のころにはよどんだ古池に手や足を入れて、ぬるぬるした水の飛沫《しぶき》をあげた。

イーヴォ・シモネッラが、雑木林となり果てた公園を散歩しながら、草や木の謎めいた多様性に魅了されたのは、一九八〇年代のことである。パドヴァの大学で造林学を専攻していた彼は、たびたびやってきては藪に入り、池をわたり、丘を登り、ごろごろと横たわる枯れ木や運河を跳び越えた。林に夢中になった彼は、卒業論文のテーマにアルヴィゾポリの樹木を選ぶと、その地区の地図を作成すべく、連日のように計測用のコードをもって車で走りまわり、入念な調査をはじめた。仕事を引退したばかりの彼の父親も、いい空気が吸えて運動になるからと同行し、シモネッラが数字を書きとめるあいだじゅう、コードの端をつかんで辛抱強く茨のなかで立っていた。

「記録した樹木の種類は、しめて一千九十七でした」と、その三十年後にシモネッラは言った。アルヴィゾポリから車で二十分ほど西に行った川沿いの町、ポルトグルアーロで、地元の環境管理官になっていた彼から、わたしは当時の話を聞くことができた。「あそこで見た木は、一本残らず覚えていますよ」

わたしたちは、ポルトグルアーロにある可愛らしい公園のなかの、ニレの大樹が木陰をつくるカフェで、アルヴィゾポリの林について話した。ひょろりと背の高いシモネッラは、分厚いレンズの眼鏡をかけ、もじゃもじゃの髭《ひげ》を生やした口数の少ない男だった。彼は自己紹介のつもりで、人間よりも木といるほうがいい、と言ったが、わたしが最初に連絡をとったフェイスブックでは、「熊のイーヴォ」を名乗っている。

シモネッラが、林で育つ木をくまなく数え終わるころに、ヴィラを低所得者向けの集合住宅に改築する工事がはじまった。彼はそのときのことをこう話す。「あの公園は、ちょっと金を注ぎこんで、雑木林に手を入れたり運河のつまりをとり除いたりすれば、それだけの価値はあるんだと、ぼくが住宅公団側を懸命に説得したんです」。努力が実り、WWF〔世界自然保護基金〕の地方支部が、公園を公共の施設として管理することに同意し、シモネッラがその仕事をまかされることになった。彼は、良心的徴兵拒否をした若者たち（イタリアでは、一九八〇年代は兵役が義務だったが、多くの若者が社会的奉仕活動と引き換えに徴兵を回避した）の協力をえて、新たに運河を掘り、雑木林を整え、散策路と橋を復元し、公園を生き返らせた。

集合住宅になったヴィラに新しい住人たちが入居を終えたある日、シモネッラは、公園を歩きまわるベニートに気づく。「彼は、ぼくたちが作業するところを見るために、ずっとあとをつけるつもりでいたようです」と、当時を振り返った。「なんやかやとしつこくベニートが質問してきたんですが、アルヴィゾポリで育つ植物に、心底興味があるようでした。現に彼は、地元の生物環境についてずいぶん物知りになったんですよ」

公園を管理する資金はたちまち底をつき、ＷＷＦはそのプロジェクトから撤退を余儀なくされた。シモネッラはボランティアたちを解散させ、彼自身もその職を離れた。「ひどく急なことでした。ぼくは林に入る門に錠を下ろして、単にそこから歩き去ったというわけです。鍵はベニートに預けました。ホテルのポーターとして半生を送っていた男ですからね、彼なら、鍵をどうしておくべきかわかっていると思ったんです」

第三章　薔薇を植える人

シモネッラがアルヴィゾポリの林で、藪を払ったり溝を掘ったりする作業を開始したころ、ピンクの薔薇に誘いこまれてやってきた、パオロ・デ・ロッコにでくわすことがよくあった。建築家のデ・ロッコは、景観作家としても地元で仕事をしていた。樹木の気持ちがわかるシモネッラに、目の前で咲いていた謎の薔薇に関心を向けさせたのが、このデ・ロッコである。

デ・ロッコは、それがなんらかの意味をもつ中国の薔薇であることを（花の形と木本性の特徴を観察することによって）、一目で見分けた。品種を特定し、なぜそこで野性化したのか、薔薇の謎を解き明かしたいと思った彼は、ふたたびアルヴィゾポリを訪れた。木々のあいだからのぞく、改築の済んだ十八世紀のヴィラにちなんで、その謎の薔薇を「ローザ・モチェニーガ」と名づけた。何年もたったあと、「薔薇の正体がわかるまで、調査上つけた仮の名前のつもりでした」と、彼はわたしに語った。

アルヴィゾポリの話を聞くために、わたしはデ・ロッコに二度逢った。年齢が六十歳前半といった彼は、背は高いほうではなく、重い荷物を背負ったように腰がやや曲がっていた。彼は逢うたびによく煙草を吸い、よく喋ったが、話題は決まって植物のことで、だれも花や木を顧みようとしない、とまくし立てた。また、たまにわたしに電話をしてきては、アルヴィゾポリの公園の状態は悪化するばかりだと、いつも不満を言った。最後に電話をかけてきたときは、不動産を管理するヴェネト州の当局が、公園の木をブルドーザーで伐採する業者と契約を結んだらしい、と言って憤慨していた。そして、あっぱれなことにデ・ロッコは、全身全霊でそれを阻止すべく、その直後から地元のメディアをとおして猛烈な批判を展開したのだ。結果、林がとり返しのつかないダメージをうける前に、当局を計画撤回に追いこむことができた。

そんな出来事があってまだそれほど時間がたたないうちに、デ・ロッコは心臓麻痺を起こし、頓死した。デ・ロッコとわたしの関係は、おたがいを少々知っている程度にすぎなかった。それが、彼が逝ったあとでふと気づくと、わたしは彼とおなじ道を歩いていたのである。デ・ロッコは、自分では庭をもたなかった。彼は妻のコスタンサとの結婚をつづけながら、アルヴィゾポリから北に二十四、五キロメートルほど離れたサンヴィート・アル・タリアメントの狭いアパートに、たった一人で住んでいた。彼は庭をもたない代わりに彼は、だれかの家の庭や町の広場、公道の脇のようなところと、たいていの場合は田舎の墓地に、薔薇をひたむきに植えた。デ・ロッコは、崩れかけたヴィラや古い教会、総督官邸など、改築を必要とする建物の修復を本業にしていたが、いったん工事が終了すると、敷地に植栽されていた薔薇を抜き、シュラブは建物の脇の一画に、クライマー〔蔓性の薔薇。クライミングローズ〕は外壁につたわせてというように、場所と薔薇の両方に最適な条件を考慮して、いちいち植えなおした。彼はそれをだれかに頼まれたわけではなかったが、だれ一人として、文句を言う者もなかった。

デ・ロッコが植えた薔薇のエピソードは、枚挙にいとまがない。わたしがとりわけ気に入っているのは、映画の監督や作家として活躍したピエル・パオロ・パゾリーニの墓に、彼が植えた薔薇の話だ。パゾリーニは、サンヴィートの北のカザルサ・デッラ・デリーツィアの町で育った。一九五〇年代初期、まだ若かったパゾリーニは、同性愛者に対する人びとの激しい嫌悪によっ

て町を追われ、息子に味方する母親を絵に描いたようなスザンナとともに、ローマに移り住む。かくしてパゾリーニは、活気あふれるローマで、戦後のイタリア文学界に身を投じることになるのだ。彼は、六〇年代の半ばには作家として高く評価され、舌鋒の鋭さから、影響力をもつ著名人になった。ところが一九七五年、ローマ近郊のオスティア海岸で若い男娼に殺害され、その非凡な生涯に突然幕を下ろす（事件は謎に包まれ、真相はいまもって闇のなかである）。パゾリーニの亡骸はカザルサまで運ばれたが、彼に対する人びとの態度は五〇年代とは打って変わり、埋葬には大勢が集ったという。

　パゾリーニが青年期を送ったカザルサの自宅では、母親のスザンナが庭に菜園をつくり、花も植えていた。彼女が好んだ紫の薔薇を、隣人たちは「ラ・ローザ・ディ・スザンナ」〔スザンナの薔薇〕と呼んだ（地元の女たちはよく自宅の庭に咲く薔薇を交換し、たいてい最初に育てていた者の名前が、薔薇の呼び名として定着した）。パゾリーニ親子がローマに去ったあと、その薔薇は、茨や雑草が生い茂るなかで生き抜くしかなかった。パゾリーニの他界から長い歳月をへて、カザルサの家が記念館として保存されることになったとき、デ・ロッコはスザンナの薔薇の話を思いだした。気になった彼がカザルサの家に行ってみると、庭の半分ほどが工事の瓦礫《がれき》に埋まっていた。しかし幸いなことに、なんとか生き延びている薔薇を発見した彼は、枝を家にもち帰り、発根させ、それを母親のとなりで眠るパゾリーニの墓に植えた。

その薔薇は、毎年花を咲かせる。わたしの知るかぎりでは、その薔薇の品種を特定した者はまだいない。町の人びとはいまでも、「ラ・ローザ・ディ・スザンナ」と呼んでいる。

デ・ロッコがアルヴィゾポリで見つけた「ローザ・モチェニーガ」のような、中国原産の薔薇は、十八世紀後半になるまで、ヨーロッパではほとんど知られていなかった。ヨーロッパ人が広東地方の広大な育苗園を目撃するのは、東洋との貿易がはじまってからだ。中国は、つねに薔薇に恵まれていた。世界に二百ある既知種の薔薇は、その半分が中国を故郷としている。ヨーロッパから貿易商人がやってくる二百年も前から、中国では盛んに薔薇が栽培され、品種改良が重ねられていたのである。

しかし、十八世紀以前に東洋に旅をした修道僧たちによって、中国の薔薇がヨーロッパにもちこまれていた可能性は、なきにしもあらずというより、実際にあったはずだ。二十世紀前半に活躍した遺伝学者にして薔薇育種家のチャールズ・チェンバーレイン・ハーストは、ルネサンス時代のイタリアで、四季咲き性のピンクのチャイナローズが栽培されていたことに、確信を抱いた。ハーストはその根拠として、現在ロンドンのナショナル・ギャラリーに所蔵されている「愛の勝利の寓意 *Venus, Cupid, Folly and Time*」をあげた。十六世紀中葉のマニエリスム〔ルネサンスからバロックに移行する時期に生まれた、作為的で誇張された美術様式〕を代表する画家、ブロンズィーノが手がけたその作品には、キューピッドがヴィーナスの唇に口づけをするかたわらで、一握りの花びらを手にした「プット」〔翼をもつ裸の男児〕が描かれている。「艶のある卵形の硬い小葉、透けるような花弁、外に反った萼《がく》、内側に巻いたおしべをもつローズピンクの小ぶりの花は、まさにピンク・チャイナの一つである」と、ハーストは書き記した。しかし、たとえそれが名画であっても、絵画が科学的な根拠になることはまずない。さらにわたしは、『エセー』で有名なフランスを代表する哲学者のミッシェル・ド・モンテーニュが、一五八一年にイタリアを訪れたおりに書いた旅行記のある記述にも、好奇心をそそられた。モンテーニュは、案内されたフェラッラのジュスアーテ修道院（一三六〇年に創設され一六六八年に消滅したが、有名なイエズス会の修道院としばしば混同されることがある）で、繰り返し花を咲かせる珍しい薔薇を、修道僧から意気揚々と見せられたときの驚愕を、「その薔薇の灌木は、毎月花をつける。ちょうど咲いた薔薇の花を、わたしはもらった」と記している。悲しいかな、花の色や香りについての記述はないが、それが中国の薔薇だったことはまちがいない。なぜなら、当時のイタリアには、毎月花を咲かせる薔薇など存在しなかったからだ。

もっとも、そういった経緯での薔薇のヨーロッパ上陸は、きわめて散発的なものであり、新種の開発に影響を与えるほどではなかった。チャイナローズは、ようやく十八世紀の後半になって、ヨーロッパの植物学者や育種家、そして薔薇育苗家によって発見され、薔薇の発展に可能性をもたらした。かの有名なスウェーデン人植物学者のリンネが、おそらくヨーロッパではじめて、四季咲き性のピンクのチャイナローズ（〈ロサ・インディカ *R. indica*〉のことで、のちに〈ヒュームズ・ブラッシュ・ティーセンティッド・チャイナ〉〔ヒュームの、茶の香りのする赤味がさしたピンクの中国薔薇〕という名前がついた）を分類した。それは、一七五二年に広東を訪れた教え子のペール・オズベックが、ウプサラのリンネのところへその薔薇の標本をもち帰ってのことだ。その後の数十年間は、さまざまな薔薇の園芸品種が中国から運ばれつづけ、新しい色や香りはもとより、それまでにはなかった四季咲き性、すなわちほとんど一年中返り咲きをする能力によって、ヨーロッパの薔薇に品種改良の大ブームを引き起こした。この革命が、ティーやハイブリッド・パーペチュアルの開発へとつながり、ひいては、モダンローズのハイブリッド・ティーを誕生させるのである。

　薔薇の歴史家や育種家たちの興味は、いわゆる「スタッドチャイナ」〔交配親の中国原産の薔薇〕となる、四種類の中国の薔薇に注がれた。三十年のあいだに前後して到来したこの四種類の薔薇が、ヨーロッパの薔薇の古臭い世界を、がらりと変貌させることになるのだ。

　ロンドン郊外のレイトンストーンにあるノッツグリーンで、育苗園を経営していたギルバート・スレーターは、一七九二年にはじめて、中国では「月月紅《ユエユエホン》」（英語では「マンスリー・クリムゾン」）と呼ばれていた、四季咲き性の深紅の薔薇を売りだした。それまでヨーロッパの人びとは、いわゆる血の色のように赤い薔薇を見たことがなかった。のちに〈スレーターズ・クリムゾン・チャイナ〉と呼ばれるようになったこの園芸品種は、まずはフランスで、そして瞬く間にヨーロッパ中で栽培されるようになる。今日、わたしたちが目にする赤い薔薇の多くは、この薔薇の子孫だ。

中国生まれの〈スレーターズ・クリムゾン・チャイナ〉が、はじめてヨーロッパの地を踏んだころ、園芸を趣味にしていた若い外交官のジョージ・スタウントン卿は、外交使節団を率いるマカートニー大使の書記官として、イギリスから中国へおもむいた。あるとき、大使館に休暇をもらって薔薇探しの旅にでた彼は、広東地方の育苗園で、四季咲き性の銀色がかったピンクの薔薇に目がゆく。興味をもった彼は、ロンドンのキュー王立植物園の園長をつとめていたジョゼフ・バンクス卿に宛てて、その薔薇の見本を船で送りだした。翌年の一七九三年、おそらくバンクス卿からその薔薇の種か枝を受けとったパーソンズという名前の男が、ハートフォードシャーのリックマンズウォースの庭で、花を咲かせることに成功する。当初、〈パーソンズ・ピンク・チャイナ〉と名づけられた薔薇は、のちに〈オールド・ブラッシュ〉〔昔なじみの赤味のさしたピンク〕と呼ばれるようになるのだが、ペール・オズベックが広東からもち帰ったものと同種か、あるいは変種で、ひじょうによく似ていた。

一八〇九年、イギリス人の財産家で薔薇蒐集家としても名を馳せていたエイブラハム・

ヒューム卿は、茶の香りのする淡いピンクの薔薇（〈ロサ・インディカ・オドラータ〉）を中国から輸入した。この薔薇に心を奪われたのが、皇后ジョゼフィーヌである。彼女は、ナポレオンが発した大陸封鎖令をものともせず、薔薇がイギリスから海を越えてマルメゾンまで届くよう方策を立てた。その後、〈ヒュームズ・ブラッシュ・ティーセンティッド・チャイナ〉をはじめ、新たに入ってきた中国の薔薇に、ヨーロッパ原産の薔薇を交配させる試みが、精力的におこなわれた。こうして、薔薇の新しい家系、「ティー」が誕生するのだ。

四番目のスタッドチャイナとなる薔薇は、淡い黄色でローズウォーター〔薔薇の花弁に水を加えて蒸留したもの。料理の香りづけや化粧水として使用する〕の香りがした。一八二四年、ジョン・ダンパー・パークスがそれを船で運び、ロンドン園芸協会〔のちの英国王立園芸協会〕にもち帰った。〈パークス・イエロー・ティーセンティッド・チャイナ〉（〈ロサ・インディカ・スルフレア *R. indica sulphurea*〉）と呼ばれたその薔薇は、大半の黄色のティーとハイブリッド・ティー系の親または祖となった。不幸なことに、現在は絶滅種として認定されている。

四種類のスタッドは、どれも昔から中国にあった園芸品種だった。中国南西部では「ジャイアント・ローズ」として知られたティーローズは、花弁が大きく十二メートルの高さまで登る性質をもつことから、おそらく〈ロサ・ギガンテア *R. gigantea*〉と〈ロサ・キネンシス〉の、二つのチャイナローズを交配させたもののようだ。

この四つのスタッドのうち、今日では〈オールド・ブラッシュ〉が群を抜いて普及している。寒い季節でさえも、灰色の空の下で愛らしいピンクが庭を彩る姿が、世界中どこででも見られる。気候を選ばずに育ち、根がつきやすく、剪定《せんてい》もほとんど不要という手間いらずの特性が、このシュラブローズの息の長い人気の理由である。

中国の人びとはこの薔薇を、「月月粉《ユエユエフェン》」（英語に訳すと「マンスリー・ピンク」）と呼んでいる。アメリカのメトロポリタン美術館が所蔵する中国絵画のなかに、しなるように水平に伸びた〈オールド・ブラッシュ〉の枝、官能的な花と蕾、花蜜を吸って酔ったように舞う十数匹の蜜蜂、そして枝先にとまる一匹の雀蜂を、金の地に細密な筆法で描いた絵がある〔伝趙昌筆「黄の薔薇と花蜂、淡紅の薔薇と狩蜂」〕。この作品は、十世紀から十一世紀の宋朝の時代に活躍した画家、趙昌《ザオ・チャン》によって描かれたことが認定されている。というわけで、この絵を根拠に、〈オールド・ブラッシュ〉が生まれたのは、少なくとも一千年前だと主張した薔薇の歴史家がいた。しかし、メトロポリタン美術館では、この絵の完成は十七世紀に中国を支配していた清朝だとしている。じつのところ、この薔薇がどれほど古くから存在したのか、だれも断定できないのである。いずれにしても、一七九三年にジョージ・スタウントン卿が船でキューへ送るはるか以前から、中国ではお馴染みの薔薇であったことだけは周知の事実だ。

パーソンズ氏がリックマンズウォースの庭ではじめて開花させた〈オールド・ブラッシュ〉

は、ハートフォードシャーから遠方へと、花を咲かせる範囲を急速に拡大していった。この薔薇をフランスとアメリカで大量に売りだしたのは、ロンドンはキングスロードの育苗園主、ジェームズ・コルヴィルだ。またアメリカでは、サウスカロライナのチャールストンで米穀商をしていたジョン・シャンプニスが、〈オールド・ブラッシュ〉をヒマラヤ原産の〈オールド・ホワイト・ムスク〉〔じゃ香の香りのする昔なじみの白〕と交配し、〈シャンプニス・ピンク・クラスター〉〔シャンプニスの、ピンクの花房〕を作出した。そのシャンプニスの隣人に、フランス革命後にアメリカに移住していたフィリップ・ノワゼットがいた。シャンプニスは、種から育てた若い苗木をフィリップに分け与えた。そして、パリでルチアがかよった育苗園を経営していた兄のルイに、その薔薇の種を送った。ノワゼット系の薔薇に、しばしば〈シャンプニス・ピンク・クラスター〉が含まれるのはそのためである。そしてこの薔薇のおかげで、薔薇の品種改良革命に、アメリカが大きく貢献することになるのだ。

一八一〇年、〈オールド・ブラッシュ〉のブームは、ついにインド洋に浮かぶブルボン島（島の名称は二転三転するが、現在はレユニオン島と呼ばれている）にまで到達する。フランスからやってきた入植者たちは、この薔薇を好んで生垣に植えた。〈オールド・ブラッシュ〉が〈オータム・ダマスク〉と自然に交雑し、薔薇界の重要な家系「ブルボン」を生みだすことになるのだが、昔からあったこのスタッドローズは、世界中どこでも繁殖する能力をもっているため、モダンローズの大半が、遺伝子給源のなかにこの薔薇が関係した形跡が見られるという。

イタリア本土のヴェネツィアでも、〈オールド・ブラッシュ〉はおびただしい数の子孫を増やしている。デ・ロッコがアルヴィゾポリでピンクの薔薇の茂みをはじめて見たとき、林の気候風土に順応した「はぐれオールド・ブラッシュ」だと思った。二つの薔薇は、ぱっと見たところうりふたつなのだ。銀色がかったピンクの花のみならず、葉の色はおなじ系統の緑で、どちらの枝にも赤味を帯びた棘《とげ》がまばらにつき、形も、習性も、木の感じも、一見しただけでは見分けがつかない。しかし、デ・ロッコはアルヴィゾポリに幾度も足を運び、注意深くその薔薇を観察するうちに、決定的な相違点を発見した。それでもなお、育っている環境に影響を受けたものなのか、あるいはまったく別の未特定品種だからなのか、デ・ロッコはその判断をつけかねていた。〈オールド・ブラッシュ〉と比べると、「ローザ・モチェニーガ」は花弁の数が少なく、花の形も〈オールド・ブラッシュ〉のような円でもなければカップ咲きでもなく、また葉を見ても、それほどなめらかとはいえず、艶もない。さらには、香りに決定的なちがいがあった。〈オールド・ブラッシュ〉はスイトピーを思わせるような、いわば面白味のない香りがほのかにするぐらいだが、「ローザ・モチェニーガ」は、ひじょうに強い、フルーツ系ブーケの香りなのだ。

正体を突きとめずにはおれなくなったデ・ロッコは、地元でいちばん評判のよい育苗園に出向いて意見を求めたり、大学や研究所の植物学者を訪ねたりした。薔薇を育てている知り合いたちからも、しつこく話を聞いた。しかし、だれに訊ねても、返ってきた答えは〈オールド・ブラッシュ〉だ。ときには多少異なる見解を聞くことがあっても、やはり結論は、〈オールド・ブラッシュ〉に変わりなかった。

もっとも、デ・ロッコはそれであきらめるような男ではない。「ローザ・モチェニーガ」を〈オールド・ブラッシュ〉のとなりに植えて、同条件で相違点があらわれるかどうか、自分の目でたしかめようとした。彼には、二つの薔薇を並べて観察する場所に心当たりがあった。アルヴィゾポリからほど近いフラッタの村落の、はずれにある中世の城の遺跡がそれである。デ・ロッコは数年前、敷地の造園をまかされたおりに、城跡の境界に沿って〈オールド・ブラッシュ〉を植栽していた。ある晩、仕事を終えたデ・ロッコは、車のトランクに「ローザ・モチェニーガ」を積み、フラッタに出発した。闇に包まれた城跡に到着した彼は、車のヘッドライトの灯りを頼りに、〈オールド・ブラッシュ〉の植えこみの隅に穴を掘り、アルヴィゾポリから運んだ薔薇を植えた。

わたしがデ・ロッコの夜間急襲の話を聞いたのは、彼の死去からだいぶたってのことだった。二つの薔薇がどうなっているのか、彼の実験の成果を、わたしは自分の目でたしかめようと思った。それはさておき、フラッタの城跡は歴史的記念物である。十九世紀に活躍した作家のイッポリート・ニエーヴォは、この城跡を舞台に『あるイタリア人の告白（*Confessioni d'un Italiano*）』を執筆した。イタリア統一運動《リソルジメント》について著された書物のうち、イタリアの発展に最も大きな影響を与えた一冊だといえる。はじめてフラッタを訪れようというわたしの愛国的巡礼に、別の理由が加わっていた。

現地に行ってみると、城跡らしきものはほとんどなく、地上にはなにも残っていなかった。しかし、デ・ロッコが何年も前に植えた何十本もの多種多様なオールドローズは、どれもすっかり成長し、広大な田園を背景に、夢のごとく美しい庭園をつくっていた。青々と葉の茂った枝にピンクの花綱を下げた〈オールド・ブラッシュ〉の列は、ひじょうによく目立ち、遠くからでも容易に見つけることができた。当然のことながら、わたしには「ローザ・モチェニーガ」がすぐにわかった。生垣の端で成木になっていた「ローザ・モチェニーガ」は、薔薇を判別する目をもたないわたしにですら、周囲から浮いて見えた。

ヴェネツィアに戻る道中、わたしはその二つの薔薇を科学的に分析してもらうことを考えていた。きっぱりと、結論をだすべきなのだ。

わたしが日刊紙『ラ・スタンパ』のレポーターをしていたころ、フィレンツェ大学で植物学の教授をしているステファノ・マンキューゾに、何度かインタヴューをする機会があった。

以来、わたしたちは友人づきあいをしている。植物神経生物学の分野で先駆的な研究をしていた彼にさっそく電話をすると、まず、二つの薔薇が実際に異なる種類なのかどうか、簡単に決定づける方法について訊ねてみた。すると彼は、完全な答がえられないＤＮＡテストではなく、彼自身がオリーブの木の特定に成功している別の手法を提案した。マンキューゾによれば、「人工神経網」（ＡＮＮ）として知られるツールを基本としたそのメソッドは、人間を「認証」するセキュリティーシステムとおなじテクノロジーを使用しているという。

マンキューゾはこう説明した。「ＡＮＮはね、だれかを認証する人間の頭脳と同様の働きをするソフトウェアを使っているんだ。たとえば、友だちが髭を伸ばしたり体重が十キロも増えたりすると、以前とちがって見えるだろう？　それでもわたしたちは、その男が友人だとわかる。なぜなら、わたしたちの脳は、異なる形態を認証するときには、特徴そのものより、むしろ特徴との関係を見るからなんだ」。植物を特定するために、マンキューゾは同様の原理を用いたモデルを開発した。またそれは、環境によって形態に生じる小差のヴァリエーションを、解消する利点をもっていた。土壌や空気、光の質のちがいによって、二つの〈オールド・ブラッシュ〉の外見が少々ちがって見えることがある。ＡＮＮは、わたしたちが知人を認識するときに、顔の日焼けや髭の有無などを無視するように、形態上のちがいを無視するのだ。

「すべての情報は葉のなかにある。どっちの薔薇も六十枚の葉が必要だ。テストに必要な枝を、二本もってきてくれるかい？」

わたしがマンキューゾに連絡をとった一月には、ほとんどの薔薇が葉を落としていた。幸い、ヴェネツィアのわたしの庭の薔薇は、まだいくらか葉をつけていた。チェリーピンクの小さな蕾と、耳から下がったイヤリングのような、オレンジ色のヒップもついていた。わたしは充分な量の枝を切りとり、水を含んだコットンで根本を巻くと、フィレンツェに向かって車のエンジンをかけた。雪の積もったアペニン山脈を越えながら、後部座席をときおり振り返り、見本の枝がしおれていないかを確認して、高速道路《アウトストラーダ》を三時間走りつづけた。

マンキューゾのラボは、フィレンツェ北部の郊外、セスト・フィオレンティーノにある、フィレンツェ大学付属研究センターに入っている。わたしは高速道路を手前のピストイアで降り、薔薇苗専門店としてよく知られるバルニに寄って、〈オールド・ブラッシュ〉を買った。それから後部座席に二つの薔薇を並べて置き、約束の場所へとふたたび車を走らせた。

トスカーナ生まれで四十代前半のマンキューゾは、短い髭をたくわえた、じつに気さくな科学者だ。ラボにいた彼は、小さな桐の木をのせたトレーのまわりを忙しそうに移動しながら、「桐のコミュニケーションパターンを記録している最中さ」と言って、あいさつをするために片方の手を差しだした。わたしは、マンキューゾがＴＥＤ〔さまざまな分野からゲストを招き、プレゼンテーションのもようを動画で無料配信している団体〕でおこなった植物の言語についての講義を、ユーチューブで見たばかりだった。

　彼に訊ねてみた。「なんでまた桐を？」

「桐はお喋りなんだよ、話すのをやめないんだ」と、マンキューゾは答えた。

　わたしが持参したサンプルをわたすと、彼はテストの手順をざっと説明しはじめた。それによると、まず、エリア、視野計、長軸と短軸の長さ、真円度、伸長性、緻密性などの形態学上の指標を測定する（その指標の半分は、色に関係している）。それから、二つの薔薇のそれぞれ六十枚ずつの葉をスキャンにかけ、コンピューターに入力されたデータを、高度な数式を組みこんだソフトウェアを使って、詳しい分析結果をだす。しかし、彼は言った。「でてくる答えは、イエスでもなければノーでもない。この実験は薔薇をセキュリティーシステムにかけるようなもんで、アラームが鳴るときもあれば鳴らないときもあるからね。結果をだすまで数日はみてくれ」

　万一、わたしの薔薇が、どこにでもある〈オールド・ブラッシュ〉以外のなにものでもないという答えがでたら、自分が愚か者だったことを認めざるをえなくなる――。そんなことも考えながら、わたしは結果を待った。そして次の週、マンキューゾから電話があった。「二つの薔薇は明らかにちがう」という彼の言葉を聞き、わたしは安堵した。「一つはオールド・ブラッシュだが、もう一つはそうじゃない。いまの時点で言えるのは、それだけだ」

知る必要があったのは、それだけだった。思ったとおり、デ・ロッコはまちがっていなかったのだ。科学的な調査は、これでよしとすることにした。しかし、わたしの「デ・ロッコ現象」が、それで終わったわけではない。

わたしは、冒険心に富んだ祖先のルチアに関する本を執筆していた。パリ生活をつづった彼女の日記を偶然発見したあと、保管記録のなかに大量に埋もれていた彼女の手紙を読み、その生涯にすっかり魅せられて、夢中で伝記を書きはじめていた。そして本の結末を、アルヴィゾポリの古い公園で咲いている愛らしいピンクの薔薇を除いては、ルチアの世界の面影はおよそ残っていない、としめくくっていた。その本が出版されて間もなく、わたしはパドヴァの由緒ある紳士クラブとして知られるシルコロ・ペドロッキで、講演をおこなう機会があった。そのおりに、ヴェネツィアに戻る電車に乗るまでの二、三時間を、パドヴァの見どころの一つである植物園の、そぞろ歩きにあてることにした。

パドヴァの植物園は、大学付属の植物園としてはヨーロッパ最古の歴史を誇っている（当時のパドヴァは、ヴェネツィア大学のキャンパスになっていた）。修道僧が薬草を栽培する薬用庭《ホルトゥス・オフィセナリス》の設立を、ベネディクト会に属するサンタジュスティーナ教会にヴェネツィア共和国が許可したのは、一五四五年のことだ。完璧な幾何学パターンを用いてここを設計したダニエレ・バルバーロは〔一般的にはアンドレア・モローニ作とされている〕、古代ローマ時代の建築家のマルクス・ウィトルウィウス・ポッリオを崇拝し、ヴェネツィアの偉大な指導者でもあった。円形の庭は四等分したエリアから成り、それぞれのエリアのなかの正方形の区画には、円や四角に区切られた小区画がもうけられている。修道僧たちはそこに、ヴェネツィアの商人が長い航海の末にもち帰った、ありとあらゆる珍しい植物を庭に植えていった。そういった貴重な植物を、夜間に忍びこんで盗んでゆく泥棒から守るために、一五五二年には、庭の周囲に煉瓦《れんが》を積んだ高い壁がはりめぐらされた。五世紀たったいまも、庭の構造や配置は当時のままである。ほかの植物園と異なる景観を生みだしたその煉瓦の壁が、すっぽり包みこまれたような、心地好さを醸しだしている。

　わたしがゆったりとした気分で植物園の正門をくぐったのは、九月も末のことだった。その夏は暑い日がつづいたため、植物は弱っていたにちがいない。にもかかわらず、どれもこれも最後の繁茂ぶりを見せて、わたしのような季節外れの来園者を歓迎した。わたしは、石《しゃく》楠花《なげ》やアザレア、そして椿を眺めながら、睡蓮の池につづく細い道に入り、昔からある薬草を植えた一画へ行って、食虫植物と毒性植物を用心しながらのぞきこみ、ゆっくりと歩を進めた。円い庭を四つに区切ったエリアからエリアへと、反時計まわりにぐるりと歩き、完全な円を描いたところで、北東エリアで育つタイサンボクを見つめた。これほど樹齢が長いタイサンボクを、わたしはそれまで見たことがなかった。銘板に目を落とすと、一七八六年植樹、とある。ゲーテがこの植物園を訪れたのが、一七八六年だった。しかもそれは九月のことだ。ゲーテは、ヴェネツィアへの旅の途中、大学を見学するためにパドヴァに立ち寄った。大学自体は狭苦しく、閉じこめられているように感じた一方で、植物園のほうは「大学よりはるかに楽しい」と彼は思った。植物園は、ゲーテが訪れたその時代から、さして変わっていないように見える。事実、ゲーテの時代に育っていた植物がまだ育っていた。一七五〇年に植樹された中国原産のイチョウは、いまや巨木となり、北西エリアであたりを見下ろしている。

わたしはタイサンボクの老樹の横にあった大理石のベンチに腰を下ろし、背が高くがっしりした体つきの、三十七歳のゲーテを思い浮かべた。フロックコートに乗馬ズボンを身につけ、泥で汚れたバックルつきの靴をはいたゲーテが、小路を歩きながら、花や木を一種一種丹念に見ている。「思考せずに目に見えているものは？」――。植物園で実り多い数時間をすごしたあと、彼はそう日記に書きとめた。ゲーテは長年、植物はたった一つの「原植物」からすべての種《しゅ》が生まれたと考えていたが、彼の告白によれば、自説の「袋小路に入りこんでいた」のである。ゲーテは、パドヴァの植物園への訪問がきっかけとなり、壁にぶつかっていた思考を解き放つことができた。

一五八五年に植樹され、植物園では最も古い樹木の一つである扇状葉の椰子《やし》と向き合っていたゲーテは、そこで天啓を受ける。木の基部に近いところから伸びた槍《やり》のような形の葉が、成長するにつれ、手の指のように裂けて広がっていた。ゲーテは、半ば強引に庭師に切りとってもらった二、三枚の葉を、ドイツにもち帰った。ヴァイマルの彼の仕事部屋に置かれた椰子の葉の見本が、「自分の働きの喜ばしい結果を予見できるまでは、わたしの関心を引きつけてやまない崇拝物となった」と書いている。ゲーテは、パドヴァに立ち寄った三年後の一七九〇年に、『植物のメタモルフォーゼ』〔『ゲーテ形態学論集・植物篇』（ちくま学芸文庫）所収〕を出版した。しかし、科学者集団からは、ゲーテの原植物理論は詩のごとく空想的な沈思だとみなされ、長いあいだ退けてられていた。あとでわたしは、ゲーテの理論についてマンキューゾに訊ねてみたが、いまでは多くの科学者がその大前提を受け入れている、という答えが返ってきた。そして彼はこう言い足した。「ダーウィンが説いた進化の原理の、時代に先んじた《アンテリッテラム》適用だったというわけさ」

ゲーテを触発した椰子は、一七八七年当時のまま植物園で茂り、「ラ・パルマ・ディ・ゲーテ」（ゲーテの椰子）として知られている。一九三五年以降は、ガラスと鉄鋼のミニ摩天楼とでもいったような、典型的なファシズム建築〔ムッソリーニの建築計画によってイタリアに普及した、近代的な合理主義に基づく建築〕のスタイルで建てられた、高さ十メートルほどの温室に収められている。

椰子の温室をあとにしたわたしは、植物園の中央に位置する噴水に足を向けた。ヴェネツィア行きの電車に乗りこむ前に、四本の道が交差する場所で三百六十度の景観を眺めながら、一息入れるつもりでいた。ところが、十メートルほど離れた先の背の高いシュラブローズが目に入り、結局、休まずにそこへ向かった。銀色がかったピンクのおびただしい数の花が、昼近くの陽射しを浴びて輝いている。その魔法を消してしまうことのないよう、わたしは故意に、そろりそろりと足を運んだ。目の焦点が徐々に薔薇に合うにつれ、体のなかのアドレナリンがふたたび沸き立つのを感じた。なぜなら、わたしを包みこもうとする香りがラズベリーに似ていることを、そこに行き着くまでに、確信したからである。

植物にはもれなく名札がつけられていたが、その薔薇には見当たらなかった。わたしは、そばの花壇で四つん這いになっている庭師に、その薔薇の名前を知っているかと訊ねた。彼は

「そいつはチャイナローズのなんかだ」と答え、「だけど、だれがそこに植えたのかも、いつからあるのかも、知ってる者はいないよ。かなり古いようだけどね……」と言った。

植えられた場所もふつうではなかった。まわりを見わたしたところ、ほかに薔薇の木はなかった。薬草用の花壇と園路の柵のあいだに植えられたその薔薇は、いかにも窮屈そうに枝を伸ばし、計画的に植えられたようには見えなかった。

ヴェネツィアに戻ったわたしは、その薔薇についてさらに知りたくなり、パドヴァ植物園に手紙を書いた。しかし、届いた返事は、決して元気づけられるものではなかった。

親愛なるアンドレア・ディ・ロビラント殿

あなたがお訊ねの薔薇は、わたくしどもの知るかぎりでは、〈ロサ・キネンシス　オールド・ブラッシュ〉です。たいていの植物には来歴や取得日の記録史料がありますが、あいにくこの薔薇にはなにも残されておらず、これ以上お答えすることができません。

調和のとれた文面に織りこまれた不調和の音色の、「知るかぎりでは」が、名札が欠如している事情を暗に物語っていた。植物園がそれを〈オールド・ブラッシュ〉だと思おうと思うまいと、このわたしが「ローザ・モチェニーガ」だと知っていることに、少しの疑いもなかった。そうではなく、わたしの心にわき起こっていた疑問は、いったいだれが植えたのか、である。

わたしは勘を頼りに、デ・ロッコの未亡人のコスタンサに電話を入れ、亡くなった夫君が、植物園と仕事上の関わりがあったかどうかを訊ねた。すると未亡人は、数年前にデ・ロッコが、「ローザ・モチェニーガ」の件で植物園と連絡をとっていた、と答えた。植物園側の興味のなさに、彼がひどく失望していたことを覚えていたのだ。

衝動的に薔薇を植える癖のあったデ・ロッコが、人目を忍んであの場所に薔薇を植えたとするのが、唯一ありうる筋書きのように、わたしには思える。

ゲーテもまた、衝動的に草木を植えた。彼はイタリアを旅行中、興味を惹かれて集めた植物を、滞在先の家の庭に植えることが多々あった。彼はそれを、「生きた想い出」を残す方法だと言った。デ・ロッコもまた、自分の生きた想い出を密かに残したのだと、わたしは考えたい。そのときのデ・ロッコの行動を、心のなかで再現してみた。植物園へやってきた彼は、閉園する時間近くまであたりをうろつき、正体不明の人影になるまで、薄暮のなかに身を隠している――それから、彼がことのほか大切に思っている薔薇の枝をとりだすと、園路の脇の狭い花壇の、いまでは成木となって根を広げているあの場所に、それを突き刺した。

ゲーテなら、デ・ロッコがやってのけたボタニカルな悪戯《いたずら》に、拍手喝采したはずだ。

第四章　コルドヴァード

わたしがルチアの本を出版してから間もなく、友人のベネデッタ・ピッコロミニから電話があった。彼女は、アルヴィゾポリから十キロメートルほど北に行った、古代ローマの軍陣地跡に築かれた小さな町のコルドヴァードで、ヴィラの敷地にローズガーデンをつくっている。

「あなたの書いた先祖の物語が、わたしの薔薇友のあいだで、ものすごい評判になっているのよ」と、ベネデッタは言った。

「それでね、ガルラント夫人があなたに会いたがってるの、ローザ・モチェニーガのことで……」

彼女の友人のエレオノーラ・ガルラントは、地元では薔薇夫人《ラ・シニョーラ・デッレ・ローゼ》として知られる人物だ。カルニケ・アルプスの麓のアルテーニャで、夫のヴァレンティノの手を借りながら集め

たオールドローズは、イタリア屈指といわれている。オールドローズに関する驚異的な知識を独学で習得した彼女に、アマチュア薔薇蒐集家もプロの園芸家も、こぞって意見を求めるほどである。アルテーニャの彼女の庭では、自然交配によるハイブリッドの薔薇が毎年誕生し、薔薇にとって最適な環境を生みだしている彼女の庭づくりを、訪れた者たちはみなこぞって賞賛した。

そのシニョーラ・ガルラントが、長年不明になっている品種を特定できることは、とくに知られている。彼女なら「ローザ・モチェニーガ」の正体がわかるかもしれないと思ったデ・ロッコが、アルテーニャまで足を運び、薔薇の鉢を託してきたという話を、わたしはデ・ロッコ本人から聞いていた。それでわたしは、シニョーラ・ガルラントがどんな見解を示すのか、ぜひ聞いてみたかった。

アルヴィゾポリで落ち合うことをベネデッタが提案し、日取りも決まった。森の番人ベニートから鍵をもらい、林で野生化しているその薔薇を、そろって見に行く段取りとなった。ところが当日、じつに運の悪いことに、わたしたちは悪天候に見舞われていた。車でアルヴィゾポリへ向かっていたわたしは、途中でガソリンを入れようと、車のドアを開けて篠突《しのつ》く雨のなかにでたものの、強風雨に顔を打たれて目を開けていられなかったために、無鉛ガソリンのノズルから給油していた。気づいたわたしが、間に合わせの吸引道具でディーゼル車のタンクから無鉛ガソリンを抜きとり、もう一度給油を終えるまでに、すでに二時間が経過していた。そのあいだ、ベネデッタとシニョーラ・ガルラントは雨に濡れそぼちながら、一向にあらわれないわたしを待ちあぐねていた。しびれを切らしたベネデッタが、日も暮れはじめたので、コルドヴァードの自分の家で会うことにしてはどうか、と電話をかけてきた。

夕方になり、まだ激しい雨が吹きつけるなかを、わたしはコルドヴァードに向かって車を走らせた。訪れるのははじめてとはいえ、ルチアの手紙や日記から、多少は聞き知る町だった。

アルヴィゾが湿地を埋め立て、のちにアルヴィゾポリとなる土台を築いていた一七九〇年代、アルヴィゾとルチアは、一時的にコルドヴァードに住んだ。アルヴィゾが開拓に励み、実験的なユートピアを築こうとしていた当時の低湿地は、マラリアに感染する危険性が高かった。乾いた風土で空気も澄んだコルドヴァードの、半ば廃屋になっていた屋敷に、二人はしばらく住むことにしたのだ。

山と積もった埃《ほこり》におびただしい数のクモの巣、そして「まったく使いものにならない」道具が散乱する屋敷を見て、すっかり意気消沈したルチアは、古い料理用コンロ、貯水槽、洗濯おけ、鍋に釜、そして突然の侵入に憤慨する酔っ払いの老管理人も、なにもかもを新調しなければならない、と日記に書いている。

ルチアが住んでいた古い屋敷の横を走っていると、コルドヴァードでのルチアの暮らしぶりが胸のうちにあらわれ、わたしは曇ったフロントガラスから、なんとか屋敷をのぞきこもうとした。視界が悪かったにもかかわらず、表玄関の上につけられたモチェニーゴ家の紋章（上半分は白地に空色の薔薇、下半分には空色の地に白い薔薇を配し、偶然にもデザインに薔薇が使われていた）が、ほんの一瞬目に入った。

一方、ピッコロミニ家の広大な地所は町の中心にあり、高い塀に囲まれたヴィラにつづく小道に、ようやくわたしはたどり着くことができた。ピッコロミニ家の九人の兄弟姉妹は、敷地内に建てられた住宅に別々に住んでいるが、ベネデッタの家は、そのなかでも小さいほうだ。玄関まで迎えにでた彼女が、居間へわたしを追い立てる途中、わざと叱責するような口調で言った。「いったいぜんたい、どこへ行ってらしたの？」

エレオノーラ・ガルラントは、暖炉のそばで待っていた。レンズの厚い眼鏡をかけた、七十代前半のふくよかな女性だ。わたしが目に入ると、フクシア色の口紅が印象的な、温かい笑みが彼女の顔からこぼれた。横には、一張羅のスーツを着こみ、濃い色のネクタイまでしめた夫君のヴァレンティノが座っていた。ボクサーのような鼻の骨ばった顔つきで、手はすこぶる大きくてたくましい。

そのあとは、シニョーラ・ガルラントがほとんど話した。ルチアと皇后ジョゼフィーヌとのつながりに心を躍らせていた彼女は、マルメゾン城とパリ植物園に吸い寄せられた薔薇育種家の世界について、いかにも造詣が深い口ぶりで語った。彼女がことさら好奇心を抱いていたのは、パリ生活をつづったルチアの日記からわたしが本のなかで引用した、とっくに絶滅したとされている薔薇のエピソードだ。

一八一四年七月二十三日のルチアの日記には、ジョゼフ・マルタンと、サンジャック通りのノワゼットの育苗園を訪ねた、との記載がある。熟練庭師としてパリ植物園のアンドレ・トワンの下で働き、薔薇を追い求めた冒険家としても知られたマルタンは、マダガスカル、南アフリカ、南インド諸島、そして南米へも遠征し、植物探検のベテランと称された。ところが一八〇四年、帰路についていたマルタンの船がイギリスの私掠船によって捉えられると、マルタンは収監されたあげく、貴重な植物標本集も競売にかけられてしまった。ようやく本国に送還され、パリで仕事に復帰した彼に、ルチアは手を借りていたのである。ノワゼットは、育苗園にやってきた二人に「ローズ・ビションヌ」〔着飾った薔薇〕という園芸品種を見せた。三人は、中国から入ってきたばかりの珍しい薔薇の香りをかわるがわる嗅ぎ、それぞれの見解を深めた。ルチアはまちがいなく桃の香りがすると思った。他方、ムッシュー・マルタンとムッシュー・ノワゼットは、一人がパイナップルでもう一人がラズベリーゼリーの香りだと主張し、みな見解が異なっていた（どちらがどう主張したのか、日記には言及がない）。

わたしは、ルチアの日記を調べていたときに、この興味深い香り当てコンテストの記述に遭遇した。桃、パイナップル、そしてラズベリーゼリーという香りの組み合わせが、少なくともわたしの鼻には、「ローザ・モチェニーガ」の芳香をいいあらわしているように思えた。シニョーラ・ガルラントもわたしと同意見だったが、彼女はそれに「シナモンのほのかな香り」を加えた。実際、デ・ロッコが若い薔薇の苗をもってきたときに、彼女は没個性的な〈オールド・ブラッシュ〉の香りではないことを即座に嗅ぎ分け、そのフルーティな芳香に圧倒されたという。

ひょっとすると「ローザ・モチェニーガ」は、ルチアの日記にも登場し、そして長年所在不明になっている、「ローズ・ビションヌ」かもしれないという考えが、シニョーラ・ガルラントの脳裏に去来した。

わたしたちは、みごとな調度品が置かれたベネデッタの書斎へ場所を移し、本棚からピエール＝ジョゼフ・ルドゥーテの『薔薇図譜（*Les Roses*）』を引っ張りだすと、熱心に見入った。一八二〇年代に出版されたこの名画集には、ジョゼフィーヌの時代によく知られた薔薇が、美しい色彩で描かれている。わたしたちは、ルドゥーテの「ローズ・ビションヌ」を一心に見つめた。しかしながらその花びらの色は、わたしたちが望んだ色ではない。葉、花の形、花弁の数、棘など、特徴の多くが「ローザ・モチェニーガ」と類似してはいるものの、ルドゥーテによって描かれた色鮮やかな花は、ピンクではなく深紅なのだ。つまるところ「ローザ・モチェニーガ」は、「ローズ・ビションヌ」ではなかった。とはいえ、ルドゥーテの絵には、わたしたちを混乱させるような箇所がある。絵の左下にはラテン名で〈ロサ・インディカ〉と書かれ、右下には、フランス語名で「ラ・ブンガール・ビションヌ *La BENGALE bichonne*」と書かれていた。〈ロサ・インディカ〉は、リンネの助手を務めていたペール・オズベックが、一七五〇年代に中国の広東からもち帰った四季咲きのピンクの薔薇である。そしてリンネはその〈ロサ・インディカ〉を、〈ブラッシュ・ティー・チャイナ〉〔赤味のさした茶の香りのする中国（薔薇）〕と呼び、標本用の苗木を所有していた。にもかかわらず、ルドゥーテが描いた深紅の薔薇は、リンネの〈ロサ・インディカ〉とは似ても似つかないのだ。

薔薇のエキスパートとしても秀でていたルドゥーテが、「ローズ・ビションヌ」にあやまった色の絵の具を使うなど、ありえないことだった。それでもやっぱり、ラズベリーの香りがしたという手がかりをきっぱり捨ててしまえるほどの、明明白白な否定の根拠は、どうしてもわたしには見当たらなかった。

シニョーラ・ガルラントも同様だった。会合がお開きになったとき、別れぎわに彼女が神妙な顔で言った。「わたしたち、ムッシュー・ジョワイユに手紙を書くべきです」

わたしには、フランソワ・ジョワイユという名前に心当たりはなかったが、そのあとすぐに、彼がオールドローズの権威であることを知った。そして、ガリカローズを専門分野とするジョワイユは、ノルマンディ地方のコメの庭で、ありとあらゆるガリカローズを栽培し、その種類は三百を数えることも知った。彼が蒐集する薔薇は、フランスが認めた国家コレクション《コレクシオン・ナシオナル》なのである。

それにしても、なぜシニョーラ・ガルラントは、わたしでも名前を知っているようなピーター・ビールズやデイヴィッド・オースティンといった、現代的な薔薇育種家に助言を求めようとしないのか、わたしは不思議に思っていた。あとで彼女に訊ねると、「あの人たちは商売人だから」と、半ば鼻を鳴らして答えた。察するに、大量に薔薇を売りさばく商売に手を染めていると、判断力の精度におのずと影響がでる、ということのようだ。そこへいくとジョワイユは、情熱と厳格さの両方の点においても、薔薇蒐集家の「真のマエストロ」といえた。さらに、皇后ジョゼフィーヌが蒐集したマルメゾンの薔薇について、広範囲にとらえた著作があった。デフォンテーヌ教授や主任庭師のムッシュー・トワン、そしてムッシュー・デュ・ポンに育苗家のルイ・ノワゼットなどが活躍していた時代の、薔薇の世界に精通している。つまり、彼こそが判断をあおぐべき人物なのだ。

シニョーラ・ガルラントはフランス語をまったく話さないため、地元の語学学校でフランス語を学んだ隣人のリリアナ・ベリニさんの協力をえて、彼女はジョワイユ宛ての手紙をしたためた。その後、わたしはコピーを受けとった。

親愛なるムッシュー・ジョワイユ

わたくしは最近、わたくしたちの地方で「ローザ・モチェニーガ」と呼ばれている薔薇を手に入れましたが、ひょっとするとそれは、「ローズ・ビションヌ」ではないかと思っております。〈オールド・ブラッシュ〉にとてもよく似ており、花の形も（花の直径は五センチから七センチ、花弁の枚数は十六から十八）、中心が薄いピンクで外側に近いほど濃くなる花弁の色も、そっくりです。また棘も、〈オールド・ブラッシュ〉のものとおなじように、不透明でまばらについています。一方、葉のほうは、〈オールド・ブラッシュ〉よりも色が濃く、もっと細長く、それほど艶がなく、数多くつけます。枝は細く、アーチ状にしなる性質をもっています。そして香りは、桃、パイナップル、ラズベリー、シナモンを思わせ、幾度も花を咲かせます。この薔薇は、ヴェネツィア共和国に多くのドージェ（元首）を輩出したモチェニーゴ家が、かつて所有していた地所のアルヴィゾポリ付近の林で、自然に囲まれ野生化して育っています。

この薔薇には、周囲に子孫を増やす傾向があります。林のなかで最後にわたくしが目にしたときは、いくらか離れた数か所で群生していました。ヴェネツィア出身の高貴な婦人、ルチア・モチェニーゴが、一八一四年にパリからもち帰った薔薇ではないかと思われます。彼女は、皇后ジョゼフィーヌとは旧知の仲でした。たびたびマルメゾン城も訪れていましたし、パリ植物園で「薔薇のしもべ《セルヴィタール》」となったムッシュー・デュ・ポンにも学びました。四百種の薔薇を集めていた彼は気立てが優しかったとみえ、ルチアには接ぎ木のこつを手ほどきしています。またルチアは帰国のおりに、サンジャック通りにあったノワゼットの育苗園で購入した種や苗を、イタリアにもち帰りました。「ローザ・モチェニーガ」は、おそらくそのなかの一つだったのではないでしょうか？　この薔薇についての情報は、ルチア・モチェニーゴの子孫、アンドレア・ディ・ロビラントが書いた『ルチア――ナポレオン時代のヴェネツィアの暮らし（*Lucia: A Venetian Life in the Age of Napoleon*）』から引用しております。

さまざまな点をかんがみて、この薔薇が「ローズ・ビションヌ」だということにならないでしょうか？　経験と知識が豊富におありで、古書や図録にすぐに手の届く環境におられるジョワイユさまなら、わたくしの疑問にお答えくださることができ、好奇心を満たしていただけるのではないかと存じます。

なお、ローザ・モチェニーガの写真を一枚同封いたしました。末筆ながら、わたくしの手紙を読んでくださったことを、心よりお礼もうしあげます。

敬具　エレオノーラ・ガルラント

わたしは、返事を当てにしなかった。ジョワイユともなれば、こういう類の手紙を年に何百通も受けとるにちがいない。しかし、シニョーラ・ガルラントは、返事がくることに自信をもっていた。彼女は、ジョワイユとは面識すらないことを認めたが、なにしろ、ジョワイユが設立した非営利団体「ロサ・ガリカ」の会員で、隔月に発行される会報誌の購読者だからだ（彼女が信頼をおいているベリニさんが、内容を翻訳している）。

まったく音沙汰のないまま、一年がすぎていた。そんなある日、ベネデッタから電話があった。コルドヴァードで園芸家と園芸研究家が集う二日間のイベントを、準備しているところだと言った。そして、わたしへの用件はというと、そのイベントで、「ローザ・モチェニーガ」についてちょっと話をしてみないか、という打診だった。薔薇に関して無学だと言えば、断る理由として不足はなかった。それがなんと、わたしは承諾していた。なぜなら、シニョーラ・ガルラントも参加すると知り、足どりの鈍い「ローザ・モチェニーガ」の追跡に、エンジンをかけなおせるかもしれないと思ったからである。後日、わたしのところへイベントのパンフレットが郵送されてきた。プログラムを見ると、「ある謎の薔薇《ウナ・ローザ・ミステリオザ》」について、わたしが講演をすることになっている——いまにも素性をあばかれそうな、詐欺師になった気がした。

　集まりのあった当日は、上天気に恵まれ、ベネデッタのローズガーデンはいっそう美しく目に映った。とりとめもなく四方にからまったランブラー〔一季咲きの原種に近い蔓性の薔薇。ランブリングローズ〕に、高いところへよじ登ったクライマー、そしてシュラブなどの薔薇が、どれも競うように咲いている。イベントの参加者たちはベネデッタの薔薇を褒め称え、写真を撮りながら歩きまわっていた。人だかりのなかにシニョーラ・ガルラントの姿を認めたわたしは、さっそく声をかけようと、彼女のほうへ足を向けた。

　ジョワイユから連絡があったかどうか、彼女に訊ねた。

「この手紙を、受けとったばかりなんですよ」

　彼女はバッグから封筒をとりだし、にっこり笑った。シニョーラ・ガルラントへのジョワイユの返事は、近寄りがたさを感じさせる重々しいレターヘッドの刷られた、フランス製の高級便箋《びんせん》に書かれていた。

ラ・クール・ド・コメ薔薇園
希少園芸品種の保護施設
ガリックローズ国家コレクション

マダム

わたしはあなたから「ローザ・モチェニーガ」に関する書簡を受けとっております。返事がこれほど遅くなってしまったことを、まずはお詫びしなければなりません。その理由はいたってシンプルです。質問に答えようと努めましたが、わたし個人の保存記録にはまったく見つからず、パリの国立歴史博物館へ出向いて調べなければならなかったのです。そのうちに時間がたってしまいました。どうかお許しいただきたい。

あなたの手紙にあったルチア・モチェニーゴの話は、大いに興味を起こさせます。ご存知かもしれませんが、わたしは皇后ジョゼフィーヌの薔薇について本を書いておりますので、その話題がいかにわたしの関心を引いたかは、お察しのとおりです。しかしながら、あなたになり代わっての調査は、じつに乏しい結果しかえられておりません……

ジョワイユは、中国原産の薔薇のなかに、かつて「ローズ・ビションヌ」が存在していたことを確証していた。その薔薇は、ナルシッス・デスポルトの『フランスの薔薇（*Roseum Gallicum, Huzard, Paris 1828*）』によると、「ローズ・ビション」、「ブンガール・グニーユ」〔ベンガルの古布〕、「ブンガール・プールプル・パナシェ」〔ベンガルの斑入り紫〕、「ブンガール・ア・オドゥル・ド・カネーユ」〔シナモンの香りのベンガル〕、「ブンガール・ア・ドール・キャプシーヌ〔ナスタチウムの香りのベンガル〕」、「ロサ・パンノーサ」、「ロサ・シニカ・パンノーサ」と、複数の異名《シノニム》をもっていた。

しかし、ジョワイユはこうも書いている。

……『フランスの薔薇』では、「ローズ・ビションヌ」の花は変化に富んだ紫であると言っており、ゆえに手紙に同封されていた写真の薔薇は、「ローズ・ビションヌ」ではなさそうです。結論をもうしあげれば、「ローザ・モチェニーガ」は、おそらく「ローズ・ビションヌ」以外の品種に該当することになります。落胆はお察しします。それでもさしつかえなければ、次号の『ロサ・ガリカ』で発表する記事に、ルチアに関する情報を使用させていただきたいのです。案外、わたしよりも読者のほうが知っているやもしれませんので。合わせて、ルチアのパリ生活と皇后ジョゼフィーヌとの友情について、さらに情報をもっておられるようなら、ぜひともお教えいただきたい。

それでは、よろしく。

フランソワ・ジョワイユ

ジョワイユの「乏しい結果」にもかかわらず、偉大な人物の好奇心を刺激したことに、シニョーラ・ガルラントは満悦していた。

一方、「謎の薔薇」についてわたしが講演する時間は、容赦なく訪れた。ありがたいことに、シニョーラ・ガルラントも演壇にあがるよう段どりをつけてくれていたベネデッタのおかげで、観衆とのやりとりでは、形だけの意見をわたしが述べたあとは助っ人の彼女が引き継ぎ、観衆にとっても、わたし自身にとっても、うれしい結果となった。

わたしはシニョーラ・ガルラントに、講演をやりやすくしてくれたことに礼を言った。

「すべてルチアの行為ですよ」と、微笑みながら彼女は答えた。

数日後、ジョワイユへ送る手紙のコピーがわたしのもとに送られてきた。ベリニさんのみごとな翻訳が伝える、ますます自信のでてきたシニョーラ・ガルラントの口調に、注目せずにはおれなかった。

ムッシュー・ジョワイユ気付で

あなたが、ルチア・モチェニーゴおよび彼女と皇后ジョゼフィーヌとの友情に興味をもたれたことを知り、たいへん喜ばしく存じます。勝手ながら、アンドレア・ディ・ロビラントが著した『ルチア――ナポレオン時代のヴェネツィアの暮らし』を一冊お送りいたします。第九章をご覧いただきますと、皇后ジョゼフィーヌとの友情を深めたルチアの、パリ生活に関するすべての情報がえられるはずです。

わたくしが個人的に存じあげておりますこの本の著者に、あなたに直接手紙を書くよう頼みました。彼の手紙も同封いたします。

次号の会報誌で、ルチアとローザ・モチェニーガについてあなたが書かれた記事を読む日を、心待ちにしております。

それでは、よろしくお願いもうしあげます。

エレオノーラ・ガルラント

わたしは、薔薇のエキスパートとの手紙のやりとりがはじまることに、かなり気後れしたものの、シニョーラ・ガルラントの気持ちを裏切るような、薄情なことはできない気がした。というわけで、わたしが書いた手紙の一部はこうである。

親愛なるムッシュー・ジョワイユ

六代さかのぼったわたしの先祖ルチアと、皇后ジョゼフィーヌとの友情、そして、ナポレオン皇帝の失脚のあとに彼女がパリからもち帰った植物について、あなたが興味をもたれたことを、エレオノーラ・ガルラント夫人からお聞きしました……わたしの本の末尾をご覧いただければおわかりになると思いますが、アルヴィゾポリにルチアがつくった庭園でいまなお残っているのは、公園跡の雑木林で野生化した、香りのよい美しい薔薇のみです。地元の人びとは、それを「ローザ・モチェニーガ」と呼んでいます。しかしながら、その薔薇の由来はまったくわかりません。ルチアがパリからもち帰った薔薇の苗木の、一つだったのではないかと思われますが……

ジョワイユからの返事はないまま、そろそろ一年がたとうとしていた。そしてある日、シニョーラ・ガルラントのもとへ、二通の手紙と一冊の本が入った小包が、ジョワイユから届いた。彼は体調を崩していたのだ。だいぶ回復したという彼は、長いあいだ返事を書かなかったことを詫びていた。

親愛なるマダム

手紙の返事を十か月もたって受けとり、さぞかし驚かれたことでしょう。またわたしを、なんという礼儀知らずだとお思いになっても、無理はありません。じつは昨年の六月から、すべての活動の中断を余儀なくされていたのです。ようやく仕事を再開するところですが、まず、あなたへの返事からはじめようと思いました……

七月にでる『ロサ・ガリカ』六十二号で、あなたの手紙と、アンドレア・ディ・ロビラントの書いたルチアの本を引き、ちょっとした小論文を発表します。気に入ってくれることを祈ります。六十一号のほうは、二、三日のうちに届くことでしょう。

これほど長いあいだ返信をしなかったわたしの無礼は、決して許されるものではありません。それでもあえてお願いがあります。コメの庭で育つわたしの薔薇のなかに、ぜひ「ローザ・モチェニーガ」を加えたく、一枝送っていただけるとありがたいのです。長きにおよんだ音信不通にお許しいただけるよう、重ねてお願いします。心の底より敬意をこめて。

フランソワ・ジョワイユ

二通目の手紙は、わたしに宛てたものだった。

ムッシュー

これほど遅い返信には、ガルラント夫人同様に驚かれたことでしょう。この無礼を許していただけることを願います……あなたの本を、ひじょうに面白く読ませていただきました。当然、ルチアと皇后ジョゼフィーヌについて書かれた章については、とりわけ感興がわきました。それに関して、次号の会報誌で書いたわたしの文が、適切であると思われることを祈ります。

わたしはだいぶ前に、ジョゼフィーヌと彼女の薔薇について書いた『皇后の薔薇（*Les*

Roses de l'Impératrice)』を出版しました。ジョゼフィーヌの時代《オ・タン・ド・ジョゼフィーヌ》の「薔薇熱《ラ・ロゾマニー》」の話です。あいにく、現在は絶版となっているため、その本をお送りすることはできませんが、当時わたしがローザ・モチェニーガを知っていたならば、その薔薇についての一章を書き加えていたことでしょう。あなたには、また別の『ラ・ローズ——フランスの情熱（*La Rose—Une passion française*）』をお送りします。その本でも、ジョゼフィーヌと彼女の薔薇をテーマに数ページを当てました。

フランソワ・ジョワイユ

ジョワイユが約束したとおり、『ロサ・ガリカ』六十二号は、ルチアと「ローザ・モチェニーガ」に大半が割かれていた。そしてシニョーラ・ガルラントは、ジョワイユにこう書き送った（電子メールで）。

「ローザ・モチェニーガ」が、これほどあなたの興味を掻き立てたと知り、とても喜んでおります。わたくしが特別に世話をし、挿し木から根をだした「ローザ・モチェニーガ」を鉢に入れて、秋にはお送りできると思います。あなたの庭にわたくしの薔薇が育っている姿を思うと、胸が躍ります。

　感謝の念と、心からのお礼を。


十一月下旬、電話をかけてきたシニョール・ガルラントから、宅配便で発送された鉢入りの「ローザ・モチェニーガ」が、フランスに向かっていることを告げられた。「ルチアがフランスから運んだ二百年後に、里帰りをするってわけです」

年末、ジョワイユから季節のあいさつが電子メールで届いた。それには、「薔薇は無事到着。すべて順調」と書き添えられていた。

四月、コメの地に根づいた「ローザ・モチェニーガ」の小さな苗木が、はじめて花を咲かせたとの一報が、ジョワイユから入った。

第五章　エレオノーラのオールドローズ

アルテーニャへの道は、トウモロコシ畑とブドウ畑を抜けると、フリウリ北東部の丘まで緩やかな勾配になっている。景色のなかほどで、濃い灰色のカーテンのごとくそびえ立つ岩だらけのカルニケ・アルプスが、隣国のスロヴェニアからフリウリ地方を隔てている。

シニョール・ガルラントとわたしは、おたがいを名前で呼び合う仲になっていた。数週間前、そのエレオノーラから電話があり、彼女の庭で、新しい薔薇が間もなく開花するところだと告げられた。それは、自然交配で生まれた薔薇の、新たな仲間だった。

「あなたの先祖に敬意を表して、ルチアと名づけることにしたの。命名式にいらっしゃいな。

みんなでワインを開けましょう」

　のどかな田園に田舎町が点在するフリウリの丘陵地は、風光明媚なことでよく知られている。そこを車で駆け抜けるのは、じつに爽快な気分だ。わたしは喜んでエレオノーラの誘いに応じた。その地域はかつて、イタリアと中央ヨーロッパを結ぶ主要なルートの一部だった。十五世紀にヴェネツィア人に占領されるまでは、ハンガリア人、フン族、東ゴート人、ロンバルディア・ロンゴバルト人、フランク族、そしてドイツ人が、異なる時代にとおりすぎた。その結果、イタリアの文化にゲルマン民族とスラヴ民族の文化が混ざり合い、独特の文化をもつフリウラニ〔フリウリ人〕が生まれた。プライドが高く、他人に依存せず、働き者で、自分の土地に並々ならぬ愛着心をもつフリウラニは、ロマンシュ語の異形である独自の言語で話し、フリウリを「小さな祖国」と呼んでいる。

　わたしは一九七六年に、フリウリを訪れていた。それは、フリウリが破壊的な地震に見舞われた直後のことで、微力でも復旧の力になりたいと思い立ち、ボランティアとして車で被災地に駆けつけたのだ。わたしとおなじように大学を休学してやってきた学生たちは、だれもがフリウラニ魂に強い感銘を覚えていた。住民たちは、眼前の惨状にもひるむことがなかった。彼らは、遺体を収容して怪我人の世話をし、くじけることなく前に進んだ。瓦礫を一つずつ片づけ、おたがいに手を貸し合い、不平不満は決して口にしなかった。

一日が終わるころ、毛布をかけて間に合わせにつくったシェルターで夜をすごす前に、メルローの大壜をまわし飲みをする余裕さえもっていた。彼らは自分たちの方言で言った。「自分のことは自分でするのさ《ファジン・ディ・ベソィ》」と――。

エレオノーラの家に向かう途中、三十年前に地震の被害を受けた町や村を示す標識が、ハンドルを握るわたしの目に入った。壊滅状態にあった当時の記憶が蘇ったものの、どこを見てもすでに立ち直っているように見えた。「小さな祖国」は、揺るぎなく発展しているようだ。アルテーニャに入るまで斗折蛇行していた道は、スポーツセンターらしき施設を建てている現場の、となりにある埃っぽい駐車場で途絶えた。「わが家は線路の手前よ」と、エレオノーラが電話で言ったとおりの場所で、わたしはブザーを押した。緑の鉄の門が大げさなモーター音を立てて開き、例のごとく、フクシア色の唇に大きな微笑みを浮かべた彼女が、夫のヴァレンティノをしたがえて通路にあらわれた。

七十年代初頭から二人が住んでいるのは、二千五百坪ほどの土地に建てられた、素朴な平屋だ。入居して何年もたってから、エレオノーラはヴァレンティノに、庭に薔薇を植えたいと告げた。都合のよいことに、ちょうどそのとき、二人にとって三十回目となる結婚記念日が迫っていた。「それでね、オールドローズの苗木をちょうだい、と主人に言ったの」。わたしを庭に案内しながら、エレオノーラが言った。「あの人には薔薇のちがいなんてわからないから、何度も何度も要点を説明して……」

ヴァレンティノに同情した。わたしも、モダンローズとオールドローズをはっきり見分けることができないからだ。オールドローズに似るように交配されたモダンローズは、とりわけ難しい。じつは、両者のちがいはつねに論争の的になっている。最近まではほとんどの薔薇の育種家や蒐集家が、その区切りを一八六七年としていた。リヨンで育苗園を営んでいたジャン・バプティスト・ギヨーが、自分の育苗園の一画で、それまでとは異なる薔薇を発見した年である。ギヨーの育苗園で、ハイブリッド・パーペチュアルとティーが自然に結ばれて誕生した新しい薔薇は、ハイブリッド・ティーと呼ばれ、急速に家族を拡大させる新しい薔薇の祖となった。大得意のギヨーによって〈ラ・フランス〉と命名されたその薔薇は、イギリスの育種家たちが異議を唱えたにもかかわらず、長いあいだ、最初のモダンローズとされていた。しかし、イギリス人にとどまらず大勢の育種家や蒐集家たちが、区切りとされている年は恣意的で、当てにならないと考えはじめるのだ。二〇〇九年、バンクーバーで開催された世界薔薇会議で、ついに、そして公式に、オールドローズとモダンローズを区切る年は、一九〇〇年に引きあげられた。

しかし、多くの人たちは、一九〇〇年以降につくられた薔薇でさえも、オールドローズの外観と雰囲気をもつものがあると思っている。エレオノーラもその一人だが、彼女はわたしにこう助言した。「つくられたのが何年かなんて、気にせずに薔薇を見ればいいんですよ。オールドローズはごく自然に花びらを落とし、香りがより豊かで、たいてい繊細で優しい色をしているものなんです。小さな兵隊さんみたいに、直立不動の姿勢で立っているのがモダンローズ。枝はまっすぐに伸びるし、花びらはしっかり萼にくっついていて、色もはっきりしています。率直にいえば、こうなるのにとっても苦労しました、とでも言っているみたいな、そんな姿をしているの」

いずれにしても結婚記念日に、ヴァレンティノは妻の希望どおりにオールドローズを贈った。一本どころか、一年を一本として三十年分の異なる品種を三十本贈り、エレオノーラを驚かせた。

「それがこの庭のはじまり」と彼女は言った。「それ以後、モダンローズは二度と育てなくなったんです」

背後にいたヴァレンティノが、ぼそぼそとつぶやいた。「カミさんには、薔薇じゃなくて、ネックレスを贈るべきだったよ」

三十本の薔薇の苗木は、またたく間に家の前を埋め尽くした。エレオノーラはヴァレンティノに、家の裏手の野原を開墾して大きな長方形のスペースをつくるように告げ、その周囲に薔薇を植えた。彼女はヴァレンティノが追いつけないほどのスピードで、薔薇を注文しては新たな仲間を増やしていった。ヴァレンティノは息をつくひまもなく、薔薇のために新たなスペースをつくった。彼はまた、頑丈な栗の木のポールを使い、庭の境界に沿ってパーゴラも建てた。エレオノーラは、幼いときに母親から学んだように、そのパーゴラのまわりに薔薇を植えている。

「庭はデザインしたわけじゃなく、勝手にできあがっていったんじゃないかしら」。庭の配置図など描いてみたこともない、とエレオノーラは言った。「クライマーとシュラブを交ぜながら、自分なりに納得できる方法で植えていったんです。調和がとれていてうれしくなるような、そんな色の組み合わせになるように心がけてね。ただそれだけ。だれかの庭に刺激されたわけでもないし、どこかで目にしたものを再現しようと思ったわけでもありません。本格的なローズガーデンなんて、庭づくりの前に見たこともなかったんですから」

いったいどれくらいの品種や変種が庭に植えられているのか、わたしが訊ねてみると、彼女は正確な数字で即答した。「一千四百八十五。まだ増えつづけてますけど」。一千四百八十五種類もの薔薇をたった二人で世話をするのは、とんでもないことのようにわたしには思えた。実際そうなのだ。明けても暮れても、エレオノーラとヴァレンティノは一日の大半を庭の手入れに費やしている。日々の庭仕事で、わけても勢いを制御するのに骨が折れる春先は、疲労が極限に達しかねないに相違ない。にもかかわらず、二人はかたくなに外部の手助けを断っている。「ファジン・ディ・ベゾイ」が、二人のモットーだからだ。

エレオノーラの庭の中心には、ほぼ同面積の三つの長方形のスペース(約七メートル半×二十三メートル)が、軸に沿って交互に配置されている。そのなかに立つと、きれいにしつらえられた三つのつづき部屋に、足を踏み入れたような印象を受ける。どの部屋にも、さまざまな大きさと形の薄紅色の薔薇がこぼれ咲き、まるで、花のカーテンが張りめぐらされているような感じがする。

エレオノーラがそのつづき部屋にわたしを案内し、薔薇の名前を呼びながら、どんな系統か、あるいはどんな人物にちなんで名づけられたかを、一つひとつ説明していった。

ときおり彼女は、斑点のできた花弁やめくれた葉の前で足をとめ、両手で薔薇をもつと、どうしたのかと花に語りかけた。もっと日光が必要だったのね? こないだの雨で水を吸いあげすぎたの? そう花に話しかける彼女の態度には、恩きせがましさは少しもなく、赤ちゃん言葉で薔薇をあやすような真似もしなかった。エレオノーラは、具体的な情報を求めているだけなのだ。

妻の庭で育つ薔薇を一本残らず植えてきたヴァレンティノは、少々距離を保ちながら、わたしたちの背後にいた。なんとか彼を会話に引っ張りこもうとし、わたしが薔薇についていろいろ訊ねてみると、彼はかならず返事をしぶり、こう言った。「自分にはなんもわからんね。うちのカミさんが、ここだというところに穴を掘って、そこだというところに植えてるだけだから……」。もっとも、わたしはその言葉を鵜呑みにしたわけではない。

三つのスペースを越えると、庭はつくりこまれた雰囲気が消え、風流な趣を呈していた。アルバ系、ダマスク系、ガリカ系の、多種多様な色と香りの薔薇が、あたかも楽園で見る光景のように、粗造りのパーゴラから垂れさがっていたり、木をよじ登っていたり、あるいは地面から沸きあがるように、一斉に咲き乱れていた。薔薇の貴族たちはエネルギーを解き放ち、思うがまま子孫の増やせる棲家を、ついに見つけたかのようだ。

さらに奥に入ると、チリやチベットなど遠方の国を原産とする、珍しい薔薇が植えられていた。その奥の離れた一画では、「再発見された薔薇」が育っていた。打ち捨てられた庭や墓地、そして古いヴィラや城跡などで、エレオノーラが長年かけて見つけた迷子の薔薇か、もしくは絶滅したと思われている薔薇ばかりだ。そのほとんどが、いまもって品種を特定できないため、彼女は発見した場所や人物の名前をとって、臨時の名前をつけている。

エレオノーラの庭のあちらこちらでは、薔薇たちの秘めごとの結果として生まれた、六十種類ほどの自然交雑種の薔薇が育っていた。しかし彼女は、そのハイブリッドの親がどれなのかは知らず、あまり関心もなさそうだ。まさにわたしたちが「ルチア」と命名しようとしていたのが、この集団に属する新しい自然交雑種の薔薇である。

エレオノーラの家へは、菜園を抜けて戻った。ヴァレンティノがまめに雑草を抜いている最初の畑には、ルッコラ、スイスチャード、さまざまな種類のレタス、それに黄緑色をした特産品のラディッキオ・ディ・トリエステが、行儀よく列をつくっていた。このラディッキオは、強い苦味で知られる赤いラディッキオ・ディ・トレヴィソとは色が異なり、葉もずっと柔らかい。敷地の境界に沿って建てられた栗の木のパーゴラからは、揺れるたびに光を放つおびただしい数の花が、薄紅色のカーテンのごとく波打っている。薔薇に名札はなく、どんな園芸品種なのか、わたしには見当もつかなかった。白桃を思わせる淡い色の〈スヴニール・ド・ラ・マルメゾン〉〔マルメゾンの想い出〕や、ごく薄いピンクの〈ベル・ポルチュゲーズ〉〔美しいポルトガルの女〕、そしてクリームがかった白い花びらで華奢なつくりの〈マダム・アルフレッド・カリエール〉〔アルフレッド・カリエール夫人〕など、馴染みのある品種のいくつかは当てることができた。それにしても、あふれだすように咲く、とてつもなく豊かな色彩と芳香の薔薇に囲まれ、たちどころにわたしの頭は混乱した。

目眩を起こすほどの美しさに秩序をもたらそうと、エレオノーラがわたしを救いにやってきた。彼女は、物憂げなようすでパーゴラの隅柱にからまり、赤味のあるピンクの花を見せびらかしている〈エンプレス・ジョゼフィーヌ〉（皇后ジョゼフィーヌ）を指さし、その名を口にした。わたしは、混み合う応接室で見慣れた顔に引き寄せられながら、「ああ、エンプレス・ジョゼフィーヌ！」と繰り返した。

ジョゼフィーヌの時代の育種家たちは、客を釣るためか、または単に得意客の機嫌をとるために、それまでラテン名のみで知られていた薔薇に、喚情的な名前をつけはじめた。たとえば、マルメゾンで咲いていた〈ロサ・アルバ・インカルナータ *R. alba incarnata*〉が、〈キュイス・ド・ナンフェムュ〉（興奮した美少女の腿）となった話は、よく知られている。ただし、どれもこれもとっぴな名前がつけられたわけではない。〈ベル・プウルプル・ヴィオレット〉（スミレ色がかった美しい紫）や〈クラモワジ・エブルイサン〉（まばゆい深紅）のように、たいてい花の色を示唆する名前がつけられた。なかには、ギリシャ神話からとった〈ベル・エレーヌ〉、つまり「麗《うるわ》しのヘレン」など、古代にインスピレーションをえた名前もあった。人物にちなむ命名が粋とされたのは、古王政時代になってからのことで、ナポレオン帝国の崩壊後である。身分の高い者たちは、自分の名前のついた薔薇を欲したが、当時、全員の望みが叶うほど薔薇は多くなかった。中国のスタッドローズが影響を与える以前の十九世紀前半には、せいぜい数百種しかなかったのだ。しばしば、一つの薔薇に複数の名前がつけられ、幾とおりもの名前で呼ばれていた。

　人物にちなんだ薔薇の命名は、薔薇とその人物の両方に、切っても切れない関係を生みだす。現に、パーゴラの隅で咲く〈エンプレス・ジョゼフィーヌ〉がわたしの目に入ったとき、皇后ジョゼフィーヌの姿を連想しないではおれなかった。周囲に勢ぞろいしたほかの薔薇にも、おなじことがいえた。もはやわたしには、庭の小路でずらりと顔見世している薔薇たちの前を、ただ眺めながら歩き去ることができなくなっていた。かしましい薔薇たちがこちらを見つめる部屋に、わたしは足を踏み入れていたのである。

　皇后ジョゼフィーヌのとなりには、美しいピンクのクライマーが立っていた。「デュシェス・ド・モンテベロ〔モンテベロ公爵夫人〕よ」と、その花を一輪両手で包みこみながら、エレオノーラが言った。彼女の解説によると、そのモンテベロ公爵夫人とは、ナポレオンが最も信頼したマレシャル・ジャン・ランヌ将軍の美形の妻で、若くして未亡人となったルイーズ・ゲヌークのことだそうだ。ランヌは、二度目のイタリア侵攻での勇敢な戦いぶりに、ナポレオンからモンテベロの爵位を叙された。公爵夫妻となった二人は、皇帝の宮殿でめきめきと頭角

をあらわしてゆく。ところが一八〇九年の五月、公爵はエスリンゲンの戦いで負傷し、それが原因で帰らぬ人となるのだ。哀しみに打ちひしがれたナポレオンは、「気の毒な公爵夫人」を慰めて欲しいと、ジョゼフィーヌに手紙を書く。一年がたち、ジョゼフィーヌと離婚したナポレオンは、「気の毒な公爵夫人」への慰謝として、新たにめとったマリー＝ルイーズの女官に彼女を任命する。しかし彼女は、ジョゼフィーヌとの親しい関係を保ちつづけたという。

エレオノーラは言った。「それでおとなり同士になるように植えたんです。これなら、おたがいのお相手ができますから」

〈デュシェス・ド・モントベロ〉のそばには、同時代に生まれた淡いピンクの遅咲きのクライマー、〈ボルティモア・ベル〉〔ボルティモア美人〕が咲いていた。名前の由来は、ナポレオンの末の弟、ジェローム・ボナパルトが結婚したアメリカ人の娘、ベッツィ・パターソンである。

わたしはかねがね、ナポレオンの兄弟の足跡はたどることが不可能に近いと思っているが、このジェ

ロームにかぎってはじつに簡単で、彼がアメリカで結婚した話はよく知られている。ナポレオンは、手を焼いていた末の弟を鍛えなおすために、彼を海軍へ送りこんだ。カリブ海のアンティル諸島に到着したジェロームは、海軍の船を降り、アメリカ合衆国の地を踏むと、フランス代理大使《シャルジェ・ダフェール》の厄介になりながら、贅沢三昧をして暮らしはじめる。そして、ボルティモアの豪商の娘、エリザベス・パターソンに恋をし、結婚をもうしこむ。そのとき彼はまだ十九歳で、エリザベスのほうは十八歳だった。父親のパターソン氏が二人の仲を引き裂こうと試みたものの、ベッツィ（エリザベスの愛称）は一歩も引かなかった。ほかの男と一生をすごすより、たとえ一時間でもジェロームといるほうがいい、と父親に言った話は有名だ。一八〇三年のクリスマスイブ、二人は結婚する。するとナポレオンは、ジェロームに金がわたらないよう手をまわし、単身で帰国するよう弟に命じる。兄のナポレオンが皇帝の座につくと聞き、将来の財産相続権を憂慮したジェロームは、なんとか兄に好意的に受け入れてもらえることを願いながら、身重のベッツィを連れてアメリカを出航した。しかし、リスボンの港で用意されていたのは、ジェロームのパスポートのみ。二人はそのままアムステルダムまで航海をつづけたが、ベッツィのフランス上陸は依然として許されなかった。結局、ジェロームだけがパリに向かい、ベッツィは英国に行って、そこで出産した。人を巧みに操るナポレオンは、ふたたび弟を一族のなかに招き入れると、ヴルタンベール〔ドイツ語名はヴュルテンブルク〕国王の娘のカタリーナとの政略結婚を強要し、ヴェストファリ〔ドイツ語名はヴェストファーレン〕の国王に即位させる。かたやエリザベスは、ジェロームとの再会が叶わぬまま、息子のジェローム・ナポレオン・ボナパルト（愛称のボーで知られている）を連れて、ボルティモアに帰る航路についた。

一八四三年、ボルティモアで育苗園を営むサミュエル・フィーストが、ガリカ系のハイブリッドと、アメリカ原産のプレイリーローズ〔北米の草原に分布する野生の薔薇〕の〈ロサ・セティゲラ *R. setigera*〉を交配させ、愛らしいピンクのクライマーを作出した。それを〈ボルティモア・ベル〉と彼が名づけたとき、まだベッツィは健在だった（一八七九年に九十四歳で大往生した）。奇遇にもおなじ年に、フランスで育苗園を経営するムッシュー・ロベールが、〈カトリーヌ・

* ドイツのカッセル郊外にあるヴィルヘルムへーエ宮殿に、美しい庭をもっていたカタリーナは、薔薇の世界の深部までジェロームに見せた。彼女はジョゼフィーヌと日ごろから連絡をとり合い、ひんぱんに薔薇を交換した。マルメゾン城でジョゼフィーヌがルドゥーテに薔薇の絵を描かせたように、カタリーナもまた、宮廷画家のサロモン・ピンハスに庭の薔薇を描かせた。そのピンハスの絵画は、ヴィルヘルムへーエ宮殿の図書室に展示されている。カタリーナの庭師をつとめていたダニエル・アウグスト・シュヴァルツコフが作出した、ドイツ初の栽培品種の薔薇といわれる「ペアレ・フォン・ヴァイセンシュタイン」〔ヴァイセンシュタインの真珠〕も、ピンハスによって描かれている。

ド・ヴルタンベール〉〔ヴュルテンブルクのカタリーナ〕と名づけた薔薇を作出している。〈ボルティモア・ベル〉よりも濃いピンクの花は、それほどきれいなわけでも、よい香りがするわけでもない。その〈カトリーヌ・ド・ヴルタンベール〉が庭にあるかどうか、エレオノーラに訊ねてみた。彼女は首を横に振り、くすりと笑ってこう言った。「いつだってベッツィの味方ですから」

わたしたちが場所を移す前に、包丁を手にしたエレオノーラが野菜畑に入り、ラディッキオ・ディ・トリエステを数株切りとった。「これを袋に入れてさしあげますね。きっとあなたの好みよ、葉がとっても柔らかいから」


その先の野菜畑には、ヴァレンティノがエレオノーラの指示で植えたサヤエンドウ、トマト、ナス、ズッキーニ、赤と黄のパプリカが育っていた。まだ旬にはわずかばかり早く、どれも十五センチから二十センチほどの丈しかなかったが、それぞれが山型の畝《うね》に整然と列をつくり、初夏の陽を浴びる日を待ちわびながら、気持ちよさそうに土に馴染んでいる。エレオノーラは言った。「あと二、三週間もすれば、緑の葉っぱのあいだから、明るい赤や黄色、紫色なんかがのぞきだすんですよ」

野菜畑の周囲にめぐらせたパーゴラには、ピンクの滝のごとくせりだした枝に、無数の薔薇がこぼれ咲いていた。明るい色で芳香の好い〈ファンタン＝ラトゥール〉〔薔薇を好んで描いた十九世紀のフランスの

〔画家にちなむ〕、薄紅色の〈マダム・ダルブレ〉〔アルブレの夫人〕、ほんのりピンクがかった白の〈シャンプニス・ピンク・クラスター〉（ノワゼット系の最初の薔薇）のような、人気のある品種はわたしにもわかった。ここでも色はピンクが圧倒してはいるものの、〈アーチデューク・ジョゼフ〉〔ヨーゼフ大公〕の紫や小豆色、そして〈クレール・ジャキエ〉の卵の黄身色など、より鮮やかな色彩も交ざっている。

かつて、ヨーロッパの庭園で咲く薔薇の色は、白かピンクと決まっていた。十八世紀も終わりに近づいてから、ようやく緋色の薔薇が中国から入ってきた。黄色が加わったのは、はるか先のことである。フランスでは育苗園主のジョゼフ・ペルネ＝デュシェが、濃い黄色の〈ロサ・フェティダ・ペルシアナ *R. foetida persiana*〉（イギリス公使のヘンリー・ウィルコック卿によって一八三七年にペルシャから運ばれた）と、みずから作出したハイブリッド・ティーとの交配を十三年間も試みつづけていたが、無駄な努力に終わっていた。ところが一九〇〇年のある朝、彼が育苗園を見まわっているときに、中心に近づくほど明るい金色に変化する黄色を帯びた薔薇を、はじめて目にするのだ。彼はその薔薇を〈ソレイユ・ドール〉、つまり「金色の太陽」と呼ぶことにした。またその十年後には、「金色の陽光」という意味の〈レイヨン・ドール〉を作出している。その二つの薔薇が、「ペルネティアナエ」〔「ペルネの薔薇」の意で英語名はペルネティアナ〕と呼ばれる、黄色いハイブリッド・ティーの系統をもたらした。

「でも、ペルネ＝デュシェの作出で一番有名なのは、あそこで咲いてる薔薇……」

優雅でかつ威勢のいい、銀色を帯びたピンクの花房をつけた、たくましいクライマーのほうへ、エレオノーラがわたしを導いた。

わたしは訊いた。「で、彼女の名前は？」

「これはマダム・カロリーヌ・テストゥです」

エレオノーラは、その薔薇に由来する人物に抱く敬慕の念を、そっくりそのまま薔薇にも抱いているような声で言った。

ベル・エポック〔十九世紀末から第一次世界大戦までの時代〕を生きたマダム・カロリーヌ・テストゥは、パリとロンドンにショールームを構える、経験豊かなファッションデザイナーだった。彼女は、絹織物の産地として名高いリヨンで絹の服地を買っていたが、リヨンはまた、薔薇取引の中心地としても知られていた。当時はハイブリッド・ティーの全盛期で、一八六七年にギヨーが〈ラ・フランス〉を発表して以来、リヨン近郊の育苗園主たちは、長年にわたってハイブリッドの作出に精をだし、百種を超える薔薇が誕生していた。そこでマダム・テストゥは、

自分の名前がついた薔薇ができれば、なによりの宣伝になることを思いつくのだ。彼女は、その地域で屈指の育苗園主のペルネ＝デュシェを訪ねると、うまく彼にとり入り、新たなハイブリッドに自分の名前をつけるよう丸めこむ。一八九〇年の春、マダム・テストゥは予定どおりに、目も覚めんばかりの〈マダム・カロリーヌ・テストゥ〉をファッションショーで披露し、ショーウィンドウを大きな花束で飾った。〈マダム・カロリーヌ・テストゥ〉はその後、ヨーロッパのみならずアメリカでも大評判を博した（数年後、ルイスとクラークの探検百周年記念を祝うオレゴン州のポートランドでは、通りという通り、道という道に、五十万本の〈マダム・カロリーヌ・テストゥ〉が植栽された）。

ペルネ＝デュシェは、新作の薔薇の成功に大喜びした。しかし、嫉妬深い彼の妻は、それが面白くなかった。哀れなペルネ＝デュシェは、妻に捧げる新しい薔薇をつくり、彼女の気持ちをなだめようとしたが、結果は事態を悪化させるだけとなった。誕生した〈マダム・ペルネ＝デュシェ〉はひじょうに地味な薔薇だったため、すぐに世間から忘れ去られたのである。

家から最も離れた三番目の野菜畑には、ヴァレンティノは馬鈴薯だけを植えた（エレオノーラの厳命を受けてのことだが）。畑は、白い花の刺繍をほどこした緑色のベッドカバーさながら、馬鈴薯が花盛りを迎えていた。
わたしがエレオノーラの庭に足を踏み入れたとき、〈ラ・フランス〉のピンクの花の塊が、すぐにわかった。長年、最初のモダンローズと考えられていたこの薔薇は、たびたび絵で見て知っていた。イギリスの薔薇栽培家で著作物も多いピーター・ビールズが、〈ラ・フランス〉は「重いマント」を着ているみたいで、どうも「存在感が薄い」と書いていたのを、どこかで読んだことがある。庭で咲いている姿をはじめて目にしたわたしは、なるほどと思った。その名にふさわしい、堂々とした薔薇を期待していたのだが、どちらかといえば花は小ぶりで、枝や幹も強そうだとはいえない。しかし、ひるがえって考えてみると、華奢な手足をおおう「重いマント」が、この薔薇を可愛らしく見せているのだろう。

オールドローズとモダンローズを分ける目印として、〈ラ・フランス〉を選ぶことを作為的だとつねに考えているエレオノーラは、「だって、フランス人が牛耳っていた、十九世紀の薔薇界を思い起こさせるでしょ」と言った。また彼女は、新たに一九〇〇年が区切りとされたことにも、納得しているわけではなかった。彼女は、第一次世界大戦で区切るのが、より妥当ではないかと思っている。「新しい薔薇を作出するための交配がフル回転するようになったのは、第一次大戦のあとなんですよ。薔薇の蕾がひっぱりだこになったもんだから、その流行にこたえようとして、育苗園が薔薇の大量生産をはじめたんです。それでオールドローズの人気が急速に衰えたわけ。一九二〇年に出版された目録をごらんなさい、年を追うごとに、オールドローズがどれだけ姿を消していったかがわかります。育苗園はオールドローズが売れないもんだから、苗木をつくるのまでやめちゃったの。まあ数千とは言いませんけど、数百種類のオールドローズを、そうやって失くしてしまったわけ」

エレオノーラは、カップ咲きの花の色がほのかに硫黄の黄を帯びた、美しいクライマーをわたしに見せた。彼女は、「薔薇の運命を左右した時代に、失われてしまったと思われていたのがこれ」と言うと、極上の黄色いティーを数多く生んだスタッドチャイナの一つ、〈パークス・イエロー・ティーセンティッド・チャイナ〉〔パークスの、茶の香りのする黄色の中国（薔薇）〕の名前を誇らしげに口にした。この歴史的な園芸品種の足跡は、ピーター・ビールズが一九八〇年代に、自分の育苗園で密かに育っているのを発見した、と言ったときを最後に消えている。そのときのことを彼は、「悲しいことに、いつだれがその薔薇をもってきたのか、記録どころか記憶すら、わたしにはなかった」と書いた。〈パークス・イエロー・ティーセンティッド・チャイナ〉は、ビールズの「発見した」という主張にもかかわらず、すでに絶滅したと世間では考えられている。だが、薔薇が内緒で新しい生命をつくっていたやもしれず、だとすれば、わたしの眼前で、まさにその素晴らしい品種の薔薇が、手足を伸ばしているのかもしれないのである。

わたしは香りを嗅いでみた。意外にも、茶の香りはまったくしなかった。察するに、ほんの数歩離れた薔薇の茂みが放つ、酔わせるほどの芳香が、わたしの嗅覚を狂わせていたようだ。その薔薇の木には、ピンクがかった白い花弁をぎゅうぎゅうに詰めこみ、軽く押さえたような花が、枝をおおうように咲いていた。

「おお、マドモアゼル・ド・ソンブレイユ！」

馬鈴薯畑の縁に立ち、突然身構えたエレオノーラが、オペラの歌姫のような口調で言った。

「貴族の血が注がれた杯を飲み干せ、さもなくば、そなたの父上が死にゆく姿を見ることになるのだ！」

それは、市民革命が本格化する一七九二年の、フランスでのことだった。アンヴァリッド軍病院で院長をつとめた経歴をもつソンブレイユ侯爵のシャルル＝フランソワ・ヴィロは、サン王党派蔵匿の罪で告訴された。娘のマリー・モーリユ・ヴィロ・ド・ソンブレイユは、サンジェルマン・デプレにある、囚人であふれたアベイ牢獄へ引きずられていく父親のかたわらに寄り添い、一歩たりとも離れることを拒否した。その後、見世物同然の法廷に侯爵が連れてこられると、うら若きマドモアゼル・ド・ソンブレイユは、老いた父に情けをかけてくれるよう死刑執行人に訴え、父の身代わりに自分を殺して欲しいと懇願する。

死刑執行人は、娘の前に貴族の血が注がれた杯を差しだし、彼女の言葉が偽りでないのであれば、それを飲んで証明するよう迫る。彼女は躊躇することなく、一気に杯を飲み干した。群衆からどよめきが起こるなか、父と娘は、晴れて自由の身となるのだ。

「死刑執行人が娘にわたしした杯に入ってたのは、なあんと、赤ワインだったんです」と、エレオノーラが冗談めかして言った。二年後にふたたび侯爵は逮捕され、そのときばかりは、斬首刑をまぬかれることはできなかったそうだが、一度は父親を救った娘の話にちなんで、じつに好い香りのする白薔薇が〈マドモアゼル・ド・ソンブレイユ〉と名づけられ、親孝行の象徴になったのである。

わたしは、エレオノーラの話に嬉々として耳を傾けた。彼女の歴史の概念は、逸話によって完全に具体化されている。彼女は、何十、いや何百もの薔薇にまつわる物語を知っていた。それには、旅をする僧侶、十字軍の戦士、商人、一風変わった蒐集家、フランスの熟年の《グラン》貴婦人《ダーム》、そしてマダム・テストゥのような抜け目のないキャリアウーマンなどが、次々と登場する。ある意味、彼女は、情熱的に話して聞かせたくなるような世界での薔薇の歴史を、心のなかで組み立てているようだ。

エレオノーラは、薔薇の命名式の準備をするために家へ戻っていった。わたしは、気がうわずるほどの悦楽に浸りながら、色彩や芳香を求めて薔薇のなかにとどまっていた。ふと、官能的な魅力を臆面もなくあらわにした、大きな花房がわたしの目にとまった。ふんだんに咲いた淡いピンクの薔薇は、柔らかく、物憂げで、中心に向かうほど色が濃くなり、より神秘性が増す。いかにも優しく内側に巻いたその花びらは、チェリーピンクの薄い唇を、象ったかのようだ。

それが〈ジェニー・デュヴァル〉だと瞬時にわかったのは、フランソワ・ジョワイユが著した薔薇の本の古典、『ラ・ローズ・ド・フランス（*La Rose de France*）』で、ジョルジュ・ルヴェックの撮影による誘惑的なポーズのこの薔薇の写真を、幾度となく見ていたからだ。わたしは薔薇のほうに身をかがめると、厚かましくも花に顔を埋めた。

この薔薇は、十九世紀にモンモランシーで育苗園を営んでいたイッポリト・デュヴァルが、ガリカと中国の薔薇を交配させてつくったと、長年思われていた。ところが、イギリスの薔薇のエキスパートたちが異議を唱え、〈ジェニー・デュヴァル〉は、一八三六年に作出され、だれもが知っている園芸品種の〈プレジダン・ド・セーズ〉〔セーズのプレジデント〕と、まったくおなじ薔薇であると主張した。そして〈ジェニー・デュヴァル〉は、舞台裏へと徐々に姿を消してしまった。後日、わたしがエレオノーラにこの薔薇の話をもちだしたとき、「両方とも庭に植えてますけど、二つが全然似てないことは、わたしが請合います」と、二つは異なる品種だと断言した。それにしてもなぜこの薔薇が、〈ジェニー・デュヴァル〉と名づけられかについては、エレオノーラにも心当たりがなく、真相の解明はできなかった。わたしは、育苗園主のデュヴァルが個人的な理由から、この薔薇を「ジェニー」と名づけたとする説を読んだが、それがいちばんもっともらしいように思う。その後、〈ジェニー・ド・デュヴァル〉、すなわち「デュヴァルのジェニー」として知られるようになった薔薇は、年をへるうちに名前から所属の部分が消えてしまったため、「ジェニー・デュヴァル」という人物は実在しないにもかかわらず、〈ジェニー・デュヴァル〉が事実上の名前になった。かくして〈ジェニー・デュヴァル〉は、実在しない女性の名前をもつ薔薇となり、〈ドーヴァー海峡の向こうの〉多くの者から、存在すら疑われる薔薇になったのである。

　事実がどうであれ、わたしはエレオノーラの馬鈴薯畑にたたずみながら、〈ジェニー・デュヴァル〉のデカダンな美しさに心を奪われていた。この薔薇の背景には物語がなく、想いを向けるべき実在の人物もいないため、似た名前のジャンヌ・デュヴァルを思い浮かべて、その空白を埋めようとした。ハイチ生まれの艶めかしい美女、ジャンヌ・デュヴァルは、シャルル・ボードレールが「黒いヴィーナス」と呼んだ、伝説に残る彼の愛人だ。印象派の画家のエデュアール・マネが、

昼寝用ベッドにもたれかかる彼女に真っ白なドレスをまとわせ、黒っぽい顔立ちと黒髪に強烈なコントラストをつけた、素晴らしい肖像画を描いている。わたしの空想のなかにいる彼女は、紫がかったピンク色の、瑞々しい〈ジェニー・デュヴァル〉を髪に飾っている。豊かで甘美なジャンヌ・デュヴァルのその黒髪は、ボードレールにこんな手紙を書かせた。

「ずっと息をさせておくれ、ずっとおまえの髪の匂いを嗅ぎつづけ、そして、泉で喉の渇きを癒す男のごとく、そのなかに顔を埋めさせておくれ、甘い香りのハンカチーフを払うように、おまえの髪を揺すって、わたしは想い出を解き放とう」

エレオノーラの甲高い声が、わたしを夢想の世界から現実に引き戻した。命名式の準備が整ったのだ。家のそばの空き地に向かって、ゆっくり歩を進めた。新生ランブラーの「ルチア」は生気をみなぎらせ、パーゴラのポールに手足を伸ばしていた。花弁の先が尖った乳白色の花は、完璧な半八重咲きだ。スパイシーな香りは、わたしにシナモンを思い起こさせる。その命名式のために、エレオノーラは数人の友人を招いていた。線路の向こうで傾きはじめた陽が、庭を黄金色に染めている――エレオノーラは薔薇の細い枝を切りとり、小さな球形の花瓶に生けた。記念撮影が終わると、ヴァレンティノが派手な音を立ててプロセッコ

（イタリア産の発泡白ワイン）の栓を抜き、それぞれのグラスについだ。

「ルチアに！」。エレオノーラが乾杯の音頭をとった。浮かれたように、みなそろって応えた。

「ルチアに乾杯！」

第六章　蜜蜂と野鳥

ヴァレンティノがエレオノーラに向かって叫んだ。「ほら、ここにもあるぞ」

それは早春のことだった。はじめてアルテーニャを訪問してから一年ほどたったころ、わたしは雑誌に自然交雑種の薔薇の記事を書くために、エレオノーラの庭に舞い戻っていた。庭の突き当たりで枯れ枝や落ち葉を片づけていたヴァレンティノが、冬の置き土産を押しのけてでた、小さな薔薇の芽を発見したのだ。

エレオノーラはヴァレンティノのいるほうに歩いてゆき、わたしも彼女のあとを追った。日陰で育っているか、あるいは混雑した場所で生まれた新しいハイブリッドは、抜いて鉢に植えるよう、エレオノーラはヴァレンティノに指示している。充分に育ってからより適した場所に、ヴァレンティノが植えかえることになっていた。ところが、ヴァレンティノがエレオノーラに見せたその薔薇の芽は、陽の当たる場所でほかの薔薇に守られてはいるものの、伸び伸びと育つためには、スペースと陽光がいささか不足するように見えた。

「そのままにしましょう、大丈夫なはずだから」と、エレオノーラは言った。

硬くなっていた土が柔らかくなり、庭がゆっくり息を吹き返す春になると、ヴァレンティノは毎年、自然に誕生したハイブリッドを五つか六つ発見する。妻の薫陶を受け、いまでは彼も鋭い観察眼をもつまでになっている。エレオノーラとわたしがその場所から離れようとしたとき、彼女はくすくす笑いながら言った。「あの人、生まれたばかりの薔薇と茨を、見分けられるようになったみたいね」


自然界では、薔薇の自然発症的な交雑はつねに起こってきた。とはいえ、どこでも起こるという現象ではない。またそれが起こったとき、だれかがそばで観察していることはおよそない。しかし、エレオノーラの庭では、自然交雑種の薔薇が盛んに生まれている。わたしが二度目に訪れたときは、四十種がすでに成木になり、もう二十種がはじめて花を咲かせるところだった。彼女の庭だけでしか見られない世界で一つの新種の薔薇が、六十本も育っていることになるのだ。そして、年を追うごとにその数は増えている。

だれの心にも、わたしたちの惑星では植物の多様性が急減しているという考えが浸透しているいま、エレオノーラの庭で起こっているできごとは、魔法のように思える。だがそれは手品などではなく、自然のなせる技なのだ。のどかな環境で子孫を増やせる土壌を見つけたオールドローズたちは、早くことを進めたくてたまらないのだ。

　無論、そういったハイブリッドは、厳密な意味ではオールドローズではない、と主張する者もいるだろう。なぜなら、現在オールドローズとモダンローズを分けている一九〇〇年から、一世紀以上もたったあとで生まれているからだ。わたしがエレオノーラにその件をもちだすと、いかに人為的な線引きが人を惑わすおそれがあるか、そのいい例だといわんばかりに、彼女は肩をすくめてこう答えた。「うちのハイブリッドたちには、オールドローズ以外の血は流れてませんよ。どれもオールドローズだけが受け継ぐ姿と匂いです。このわたしが保証します」

　とはいえ、どの薔薇が親なのかは、じつはエレオノーラにもわからない。「クライマーやランブラーみたいな蔓性か、または木立性かというような木のタイプは、母親から受け継いでるってことだけは、わかるんです」と、彼女は説明する。「一方、花の色は父親から受け継ぐみたいなので、有益な手がかりにはなるんだけど、花びらの数だと

か独特の香りだとか、そういう特色はどっちからでも受け継ぐことができるの。それで、だれがお父さんでお母さんかだいたいの察しはついても、あくまで経験に基づいた推測でしかなくて、たいていの場合がかなり怪しくて……」

エレオノーラは、増殖のために自分の庭で起こるカップリングを、とりわけ楽しみにしている。新しい薔薇の芽がでたとヴァレンティノから知らされるたび、彼女は興奮の歓声をあげる。しかしわたしは、彼女が薔薇の系統研究にほとんど関心がないことにも気づいている。自然交雑種の薔薇たちのもつ神秘性が、彼女の夢想家的な気質を満足させているからだ。彼女は一度、こう言ったことがある。「日本の科学者がＤＮＡテストを開発したそうですよ。でも、わたしの薔薇にテストを受けさせるつもりはないわ。親はこの庭にいるってわかっているんだから、わたしにはそれで充分」

わたしたちは、祖先のルチアにちなんで名づけられた薔薇から、さほど遠くない場所にいた。どうしているか見に行こう、とわたしは彼女を誘った。温かい朝の光がさんさんと降り注ぐパーゴラで、「ルチア」は頑丈な栗の木でできたポールを包みこみ、最も高いところまで伸びていた。その成長ぶりを目の当たりにし、わたしは言葉を失った。一年前の命名式では、ほんの二、三輪しか咲いていなかったのだ。それがいまや、乳白色の花をこぼれ落ちるほどつけ、甘い香りを放っている。わたしは薔薇の親類としての既得権を行使し、「ルチア」

を誕生させたと思わしき二つの薔薇に、少なくとも目星ぐらいはあるのかどうか、エレオノーラに質問した。彼女は、ほのかに異国風で甘ったるい芳香がムスクローズを暗示する一方で、生長力は蔓性のマルティフロラを思い起こさせる、と言おうとしていたようだ。ところが、説明しているうちに興味を失ってゆく彼女のようすを見て、その口の重さは、「ルチア」の家系についての確信のなさというより、薔薇の私的な営みに立ち入る不本意さに、起因しているのではないかと思った。

エレオノーラの庭で起こる自然交配のメカニズムは、単純すぎるほど単純だ。まず、花蜜の匂いに誘われた一匹の蜜蜂が、一輪の薔薇に降りて糖を含んだ物質を吸う。その過程で、おしべの花粉嚢《のう》にでたり入ったりする蜂の小さな足を、精細胞を含んだ粒がおおう。その蜜蜂がまた別の薔薇へと飛んでゆき、花蜜を吸っているあいだに、雌性生殖器官のめしべが、蜂の足についていたほかの薔薇の花粉をとらえる。花粉に含まれていた精細胞は、花柱の下の子房まで届くと、そのうちの一つが卵と受精し、ローズヒップのなかに次々と種子を宿す。晩秋になるとヒップは地面に落ち、やがて割れる。そうしてヒップからこぼれ落ちた種子が発芽し、新しいハイブリッドが誕生するのである。

蝶しかり。虫であれば、種類を問わず受粉させることができる。ごく小さな野鳥のハミングバード〔蜂鳥〕でさえ、受粉に一役買っている。もっとも、エレオノーラの庭では、蜜蜂がほとんど一手にその仕事を引き受けている。驚くことに、蜂たちは毎日そのために数キロメートル離れた巣と往復する。近隣の鉄道からときおり流れる電波のせいで、女王蜂は庭に寄りつかないが、働き蜂のほうは女王蜂とちがい、電波が気にならないようだ。働き蜂は春になると連日、エレオノーラの庭まで遠征して蜜を吸いあげ、ふたたび田園を横断して巣に帰ってゆく。彼女の庭が花盛りの季節を迎える五月中旬には、花蜜で膨れた蜜蜂が小さな貨物輸送機のごとく、忙しそうに飛びまわるようすが見られる。蜜蜂がとくに好むのは、花弁が五枚で雌蕊と雄蕊が長い平咲きの素朴な薔薇、いわゆるワイルドローズだ。簡単に着地し、制約を受けることなく動きまわりながら花蜜を吸いあげ、難なく離陸できるからだ。逆に、キャベッジローズ〔花弁の数が多い薔薇。学名は百重咲きの意味をもつロサ・ケンティフォリア〕のような、無数の花弁が詰まった薔薇を蜜蜂が苦手とするのは、活動にあらゆる混乱を引き起こしかねないからである。

この「ワイルドローズ」という言葉は、薔薇の分類上の種《しゅ》およびそれらの自然突然変異と形態に適用され、人が薔薇の栽培をはじめるはるか以前から、北半球の各地で自生してきた野生の薔薇をさす（南半球では、自然発生的に育った薔薇は確認されていない）。比較的よく知られている種をあげると、ヨーロッパでは〈ロサ・カニナ *R. canina*〉、〈ロサ・エグランテリア *R. eglanteria*〉、〈ロサ・ピンピネリフォリア *R. pimpinellifolia*〉、〈ロサ・ヴィロサ　*R.*

villosa〉、〈ロサ・ガリカ　*R. gallica*〉、アメリカでは〈ロサ・ウィルギニアナ　*R. virginiana*〉、〈ロサ・カロリナ　*R. Carolina*〉、アジアでは〈ロサ・キネンシス　*R. chinensis*〉、〈ロサ・ブラクテアタ　*R. bracteata*〉、〈ロサ・バンクシアエ　*R. banksiae*〉〔木香薔薇〕、〈ロサ・ムルティフロラ　*R. multiflora*〉、〈ロサ・ウィクラナ　*R. wichurana*〉〔*R. wichuraiana* と表記されていたが、最近、変更されるケースが多く見られ、園芸界で論議を醸している〕、中東では〈ロサ・フェティダ　*R. foetida*〉、〈ロサ・フェニキア　*R. phoenicia*〉、〈ロサ・ダマスケナ　*R. x damascena*〉などがある。

　ワイルドローズと呼ばれる薔薇は、優れた遺伝子をもっている。丈夫で害虫に強いのだ。みずから枯れ枝を落とし、カムチャツカ半島の厳冬から北アフリカの酷暑まで、最も厳しい気候でも生き延びることができる。エレオノーラが蒐集しているワイルドローズは、把握できているだけでも百七十四種にのぼる。そして彼女は、自分の庭で育つ圧倒的な数のワイルドローズが、じつは受粉活動を活発にしている要因ではないかと思っている。「うちの庭で生まれたハイブリッドを見ると、少なくとも片方の親は、たいていがワイルドローズみたいなの」

　エレオノーラには、庭でなにが起こっているかを鋭く見抜く、動物的な鋭い感覚がある。彼女は、シデの木立に巣をつくりにやってくるホーフィンチ〔スズメ目アトリ科の鳥。和名はシメ〕が、どのように重要な役割を果たすのか、長年にわたって観察してきた。このホーフィンチのさえずりは、野鳥のなかでも可愛らしいほうではなく、どちらかといえば、くちばしのなかでこもるようなさえずり方をする。大きさは十五センチから二十センチほどで、精悍そうな胸と短い尾をもち、どっしりしている。羽の色は、頭のほうで灰褐色からオレンジ色に変わり、覆面と咽喉当てをつけているように、目とくちばしの周囲が黒い。そして最も目立つのが、鍛金道具のアンビルのように硬くてコンパクトなくちばしだ。この強固なくちばしで、ホーフィンチはさくらんぼの種も砕く。それよりも硬いローズヒップですら、朝飯前である。エレオノーラは、ホーフィンチの役割についてこう話した。「ホーフィンチがローズヒップを割って種を食べるでしょう、それがフンになったものを、庭のあちこちに落とすんです」

彼女の庭を飛びまわるホーフィンチが、新しい薔薇の種を植えるという構図には、説得力があった。しかし、科学的にも裏づけられるのだろうか?

一九九〇年代の末期、自然交配で生まれた薔薇がはじめてエレオノーラの庭で花を咲かせたとき、彼女は夫の名前をとって「ヴァレンティノ」と名づけた。それがいまやたくましいクライマーに育ち、家の横の居心地のよさそうな場所で、格子の垣根によじ登っている。中心に近づくほど濃くなるクリーム色の花は、きれいな半八重咲きだ。そして妙なことに、胡椒《こしょう》の香りをもっている。「主人は、面白くなかったみたい」とエレオノーラがわたしに言うと、その花を両手で包みこみ、一風変わった香りを嗅いだ。「この香り、主人の鼻をむずむずさせるの」

自然交配のハイブリッドの薔薇は、かならずしもわたしたち好みの花を咲かせるとはかぎらず、不格好に垂れ下がった花びらをつけているものや、不愉快な香りがするものもある（もっとも、「ヴァレンティノ」と名づけられた薔薇の胡椒の香りは、わたしには珍しくて魅力的に思えたが）。エレオノーラの庭でわたしが見た数十種類のハイブリッドは、そのほとんどが、自然で美しい色彩と繊細な香りをもつ素晴らしい薔薇だ。十九世紀のリヨンの名立たる育苗園主たちのほうが彼女の庭の自然の働きよりも、いい仕事をしたとは、わたしにはとても思えない。

エレオノーラは、庭で自然に生まれたハイブリッドの薔薇を、丹精こめて育てている。ただし、追及されれば、彼女にもひいきがあることを認めるにちがいない。〈ロサ・ウィクラナ〉とのハイブリッドが、おそらくそれである。ごく薄いピンク色でみごとな半八重咲きの、強い香りをもつそのランブリングローズに、彼女は母親の名前をとって、「アンジョリーナ」と名づけた。誕生から十五年たったいま、家の裏から庭にでるまでのパーゴラをおおい尽くしている。

エレオノーラは幼いころ、現在の自宅がある場所から少し離れたところに住んでいた。

父親のデシデリオは地元のワイナリーに卸す樽づくりを生業とし、母親のアンジョリーナは、小さな庭で野菜や花を育てていた。エレオノーラは、その母親のあとを追いながら大きくなった。彼女の花と園芸に関する知識の大半は、母親から学んだものである。「母はね、昔からあった菜園のまわりに、アスター、ジニア、キンセンカ、牡丹《ぼたん》と、そして薔薇を育てていたんですよ。春になると、庭からとってきた花で、もう家中が花だらけ。でも、わたしの誕生日には、母はかならず早起きして、わざわざ野原まで行ったもんです。抱えられるだけの野の花を抱えて、家に戻って、それからわたしを起こすの」

バランス良くすくすくと育ち、自然な優雅さを漂わせる「アンジョリーナ」は、過去二百年間に作出された古典的なハイブリッドと比べても、まったく引けをとらない、きわめて美しい薔薇である。わたしはそのうららかな春の日に、いつまでも垣根の横にたたずんでいた。そして、この素晴らしい宝物の背後に、どこか神秘的な形態の知性など、ないのかもしれないという気がし、薔薇のもつ純然たる愛らしさにうっとりしていた。

わたしは当初、エレオノーラの庭で自然に生まれるハイブリッドは、無作為な受粉の結果だと思いこんでいた。計画もなしに心ゆくまで蜜を吸おうと、気ままに薔薇から薔薇へと飛びまわる蜜蜂の姿を想像した。薔薇自体が、目を見張るようなハイブリッドを誕生させるための「秘密の罠」——薔薇のエキスパートが一般向けに使うことのある、不快な表現だが

——をもっているとは、わたしは思っていなかった。「ルチア」のような薔薇は、忙しく飛びまわる働き者の蜜蜂がもたらした、偶然の産物にすぎないのだ。

　そんなふうに、わたしは考えていた。

　アルテーニャへの二度目の訪問から間もなく、わたしはある取材でフィレンツェに行く機会があった。エレオノーラの庭で生まれるハイブリッドの受粉について、マンキューゾがどんな見解を示すのか知りたくなり、セスト・フィオレンティーノのラボまで足を延ばした。そして驚いたことに、「無作為な受粉」という概念に対し、即座にマンキューゾは異論を唱えた。彼の説明では、自然交雑が無作為な過程で起こるとすれば、その結果は平均の法則どおりに、釣鐘状の曲線で反映されるらしい。「好い香りのするきれいな薔薇が、ほんの少数だけ生まれて、同様に、ひどい匂いの醜い薔薇も、ほんの少数しか生まれることはない。大半は、地味な見かけと刺激のない香りをもって生まれるもんなんだ。しかしきみの話によると、どうもそれが、当てはまらないケースのようだな」

　わたしはマンキューゾに、エレオノーラの新種のハイブリッドは、たいていどれもきれいで香りが好く、「アンジョリーナ」のように、ひときわ優れた品種として生まれることもある、と重ねて伝えた。

「薔薇自体が、蜜蜂に特定の花を受粉するよう働きかけたりうながしたりして、育成過程を陰で操っている可能性がある」と、マンキューゾは淡々とした口調で言った。

わたしは、狐につままれたような顔で彼を見た。

「別にびっくりするようなことじゃないさ」と彼は笑い、こう説明した。

「それが自然選択のしくみだよ。動物はふさわしいパートナーを見つけるために戦略を実行する。だったら植物だって、おなじようにしてもいいいんじゃないのかい？　パートナーの選別は、種の進化において重要な段階なんだ」

人間の観点から自然選択について考えることに対し、マンキューゾは警告した。

「薔薇は、生き残ろう、環境に強くなろうとしているわけで、われわれの目を楽しませようとか、嗅覚を刺激してやろうなんてつもりはない。生まれてくるのは、その時代の流行どおりのきれいな薔薇じゃないだろうし、むしろ、はっきりした特色や強い個性をもつ薔薇になるものなのさ」

わたしは、ホーフィンチが庭に種をばらまくというエレオノーラの単純な考えが、そもそも理にかなうのかどうかを訊ねてみた。

「もちろん理にかなってる」と彼は言った。

「種《たね》が入っているヒップは、剪定をする春先には、切りとられるか自然に地面に落ちるかする。けれどたいがい落ちるのは母親のそばだ。ところが母親の陰にいる種は、発芽したり丈夫な木に育ったりするチャンスはあんまりない。それで母親の薔薇は、ヒップを砕いて種を食べたホーフィンチが、種を消化したものを庭にばらまいて、新しい生命が生まれ育つチャンスをより多くえられるように、明るい色の花弁でホーフィンチを誘う、そんなところじゃないのかな。無論、うまく育たない場所に種が落ちることもある。それでもどこかにばらまかれたほうが、生き残る確率は高いからね」

「まるで、薔薇が知的な生き物のような話し方だな」と、わたしは言った。

マンキューゾは反論した。

「そうさ、そのとおりだとぼくは思ってる」

アリストテレスは、植物には感情があるとさえ考えた。植物を知的な生命体とした古代ギリシャ人の概念を、はじめて考究した近代の科学者が、チャールズ・ダーウィンだった。晩年のダーウィンは、植物が異なる環境に順応して生き残るために、その環境の情報を活用したり交換したりしながら外的刺激に反応することに、興味を掻き立てられていた。彼は、植物の内部およびほかの植物とのデータ伝達において、根や幼根の頂部がになう役割に注目し、『種の起源』を出版してから二十年たった一八八〇年に、『植物の運動力』という本を執筆した。

その二年後にダーウィンは生涯を閉じた。ダーウィンとおなじ道を歩もうという者は、長いあいだあらわれなかった。彼が切り拓いた分野は、ニューエイジ〔新しい時代の新しい思想〕とSF作家にゆだねられた。今日でもほとんどの人は、植物の知性を超常現象だと考えている。よく育って健康でいるよう植物に話しかける、とイギリスのチャールズ皇太子が告白したときは、大衆紙が大騒ぎをした。

九〇年代の半ばにマンキューゾと同僚は、植物の習性に関するダーウィンの先進的な見解の科学的証拠を、ダーウィンが研究を中断したところから探しはじめた。そして、ダーウィンが考えたとおり、根と幼根の頂部に神経細胞の分子をもっていることを発見した。植物の維管束組織は、根の頂部と地上に露出する器官とのあいだで高速信号を交わす、いわばハイウェイとしての機能を果たしていたのである。植物は、一定流量の情報によってデータを取得したり処理したりし、学習能力を発達させながら記憶の形成をする。マンキューゾによれば、ウェブ状に構築された地下の「頭脳」が、信号柱としての役割を果たす根系の頂部に、情報のやりとりを指示するのだという。

地面に固定されている植物が生き残るには、直接触れる環境になんとか対処しなければならない。植物は、ある特定の虫の助けが必要なときはいかにそれをおびき寄せ、逆に脅威となる虫をいかに退けるか、または、いかに光を引きつけて湿気と栄養分の適切な供給を確実にするかといった、さまざまな情報を収集し、処理し、活用し、伝達する。そのすべてが、植物にとっては生きるか死ぬかの問題なのである。マンキューゾはわたしに言った。「植物のほうが周囲の環境に敏感なんだ、動物よりも、ずっと」。そして、こうつけ加えた。「人間を含めてね」

マンキューゾの所見では、エレオノーラの神業《わざ》といえるほどの技量は、薔薇が欲するがまま増殖や多様化をするだけの、心地好い環境をつくりだしていることだという。「仮に、彼女とおなじようなやり方で植物を慈しみ、そっと抱きしめたり話しかけたりして、自分は歓迎されてるんだと植物に思わせることができたら、植物だって人間の真心を感じとるもんなのさ」

一瞬沈黙してから、こうつづけた。

「もっとも、いまみたいな言葉遣いは、同僚たちとの会話ではしないがね」

エレオノーラは最初、新しいハイブリッドに家族や親しい友人の名前をつけていた。ところが、毎春新しい薔薇が誕生したため、家族と友人の名前をすぐに使い尽くしてしまった。それで彼女は、影響を受けたフリウリ出身の女性の名前をつけるようになった。

わたしはあるとき、エレオノーラの庭と線路を隔てる鉄柵にからみつく、孤独なクライマーに気づいた。大きな半八重咲きの白い花は、中心に近いほど藤色を帯びている。数年前、ヴァレンティノが庭の反対側の狭い場所でこの薔薇を発見し、エレオノーラが現在の場所に植えかえるように指示した。線路が見わたせるというだけでほかになにもなく、薔薇を植えるには一風変わった場所のように思えたが、どうやら薔薇にとっては快適らしく、のびのびとフェンスに枝を広げていた。

エレオノーラはその薔薇に、彼女の家からさほど遠くないところに住んでいた教師の名前をとり、「ピエリーナ・ブラッツア＝サヴォルニャン」と名づけた。ピエリーナは、その地域ではちょっとした伝説的人物である。一八四六年、当時はオーストリアハンガリア帝国に属し、現在はスロヴェニアとの国境に接するゴリツィアの町で彼女は生まれた。父親は、フリウリでは旧家の、サヴォルニャン家の末裔《まつえい》だった。彼女は、アルテーニャから十五キロメートルほど離れたニーミスの、町はずれにある農場で育ち、土木技師と結婚して子どもも数人もうけた。ところが一八八〇年代になると、夫がシベリア横断鉄道の建設現場の監督として、中央シベリアのイルクーツクへおもむくことになる。当時、最も野心的な土木事業の一つだったシベリア鉄道で働くために、フリウラニは数千人の規模でシベリアに移住した。働き者の彼らは、石工や石切り工、仕上げ工として、出稼ぎ労働者のなかでもとりわけ重宝がられたからだ。

すでに五十歳を越えていたピエリーナは、シベリアへ行った夫のあとを追う。彼女はイルクーツクに落ち着くと、地元の高校でラテン語とフランス語を教えはじめた。フリウラニ労働者の福祉にことさら留意した彼女は、「イタリア人労働者の母」として広く知られるようになる。そして、高い教養のあったピエリーナは、国際労働機関のためにシベリアでの労働条件について起草し、イタリアやドイツの新聞にはロシア情勢に関する記事も寄稿した。

第一次世界大戦が勃発したとき、ピエリーナの夫はイタリアにいた。彼女はフリウリと連絡がとれず、イルクーツクにとどまっていた。一九一七年のロシア革命の恐怖のみならず、イルクーツクが戦場となった赤軍と白軍の内戦の、苦難を乗り越えたさらに恐ろしい惨禍をも体験しなければならなかった。しかし、彼女は苦難を乗り越えた。イルクーツクは破壊され、何千人もの市民が命を落とし、女たちは強姦されたあげく不具者にされた。ピエリーナの家にもガソリンがまかれ、火をつけられて所持品のすべてが灰と化した。それでも彼女は生き抜くのだ。ピエリーナは、七十四歳になった寒い冬のさなかに、戦火のくすぶるイルクーツクの街をあとにし、被害を受けたシベリア横断鉄道を歩いて、ようやくウラジオストックにたどりつく。ロシア帝国がまさに終焉を迎えようとしていたとき、彼女は、故郷までの長い長い道程についた。

ピエリーナが、その驚くべき家路の行程を記した本は、ニーミスの図書館にも所蔵されている。彼女はその本に、極寒における辛苦や、腹をすかせた狼や略奪者からの常習的な脅威を克明に描写した。しかしまた、果てしなくつづくシベリアの静まり返った景色のなかで、ごく小さな点となり、足を一歩ずつ前に踏みだす人間が語る細やかな叙情性には、だれもが胸を締めつけられずにはおれない。それは、読む者の心をわしづかみにする、忍耐の物語なのである。「日々がすぎ去りました、何週間も、何か月も、いつもまったくおなじ日が。寒さから身を守る分厚い毛皮のコートは、歩みを妨げ、短い距離しか歩くことができません。ときおり、どこからともなく忽然とあらわれた雪船《そり》が、わたしたちを乗せてくれました。どこまで走ってもなにも見えず、唯一見えるのは、雪、雪、また雪……。光輝く白いマントが無限の空白をおおい、モミの木立が、ところどころでそれを寸断していました。ふわふわした大きな雪玉のような白いシベリアウサギが、わたしたちのゆく手を素早く横切るときだけ、なにかが起る瞬間です。それがなければ、まったくの静寂のなかにわたしたちはいたのです」

春になり、ウラジオストックまでたどりついたピエリーナは、トリエステに送還されるイタリア人の囚人を乗せた船に、かろうじて乗ることができた。ついに故郷ニーミスの土を踏むことのできた彼女は、その後ふたたび地元の学校で教鞭をとり、九十歳で神に召された。

ピエリーナの希有な生涯に触発されたエレオノーラは、新しい薔薇に彼女の名前をつけた。エレオノーラはいつものように庭で命名式をもよおしたが、そのときはアルテーニャの首長をはじめ役所から大勢が出席した。はじめて花をつけた「ピエリーナ」の小枝を手に、押し合いへし合いしながら、記念撮影がおこなわれたという。

命名式がお開きになると、エレオノーラはヴァレンティノに、その小さな薔薇を線路脇の鉄柵脇に植えかえるように頼んだ。

彼女はその理由をこう話す。

「シベリア横断鉄道じゃないけど、ピエリーナのことを覚えておくためには、素敵な方法だと思ったの」

その愛らしい「ピエリーナ」も、エレオノーラの監督下で自然に誕生したほかのハイブリッドも、どれもみな、彼女の庭以外の場所で栽培されることはない。ほとんどの人が見ることのできない薔薇なのだ。春になれば、地元のフリウリのみならず、近隣国のオーストリアやスロヴェニアの薔薇愛好家たちがバスを貸し切り、こぞってアルテーニャへやってくる。とはいえ、喜んでそのハイブリッドを自分のローズガーデンで育てようという、世界中に何百万人もいるはずの薔薇愛好家と比較すれば、その数はあまりに少ない。

だが、エレオノーラは、それを商売にしているわけではない。新種の薔薇を売るときは、まず、国際栽培品種登録機関（ＩＣＲＡ）にその薔薇を登録して、商権を買いとることになっている。登録は無料でも、独占的に薔薇をつくって売るための商権は、一品種につき一年間で数百ドルもかかる場合があり、決して安くはない。エレオノーラとヴァレンティノにとっては、経済的な余裕を上回りそうな金額である。さりとて、金銭だけが問題なのではない。「わたし、根が商売人じゃないんですよ。それに、この薔薇を売るなんて想像できないわ」と、彼女はわたしに打ち明けた。

そんなエレオノーラが、商権の取得を熟慮することもある唯一の例外が、「アンジョリーナ」だ。「ほんとにきれいな薔薇でしょ。ほかの人たちがこの薔薇を手に入れられるようになれば、うちの母に、粋な方法で栄誉を授けることになるんですけどね」

わたしは、エレオノーラの尊敬する皇后ジョゼフィーヌが、薔薇に関してはじつに気前がよかったと、やんわり彼女に釘を刺し、ちょっとからかった。「薔薇を売りたくないなら、挿し木用の枝をみんなにわけてあげたらどうなんです？　その薔薇が増殖すれば、生き残るチャンスだって増えるでしょう？」

エレオノーラはしばし黙りこみ、それからこう言った。

「その薔薇を見るために、ここまで来なきゃならないといういまの状況が、わたしは好きなの」

第七章　みなしごの薔薇たち

エレオノーラは数年前、庭に薔薇を植え尽くしたことに気づいた。幸運にも、庭に隣接する土地を所有していた隣人から、二千平方メートルほどを買いとることができた。しかし、新たにエレオノーラの庭となった場所は、それまで三十年間も放置され、荒れ果てていた。開墾に乗りだしたヴァレンティノは、ニレの大木、ヤナギ、トネリコ、そしてクルミの木だけを残し、茨を払って藪をとり除いた。いまでは素晴らしい眺望スポットに変身し、丘の上にそびえ立つアルテーニャの城と、その背後の山々を見わたすことができる。

ヴァレンティノのいつもの働きぶりを考えると、そこは彼が最も手を抜いたかのような、野趣に富んだ場所になっている。エレオノーラは、林のなか、古城跡の石のあいだ、村の墓地、あるいは打ち捨てられた庭など、忘却の彼方で「再発見された薔薇《ローゼ・リトロヴァーテ》」を、そこに植えた。「どの薔薇も厳しい環境に慣れてるから、その場所を選んだの」と、彼女はわたしに話したことがある。

三つのスペースに集めて植えられた「再発見された薔薇《ローゼ・リトロヴァーテ》」は、わたしが数えたところ、百五十三種類あった。エレオノーラの庭の整えられた場所で、仲良く暮らしている世俗的な薔薇に比べて、まだ野生味を感じさせる薔薇もある。

エレオノーラは、いまもって両親を特定できない老シュラブを、「みなしごの薔薇」と呼んでいる。その薔薇がガリカなのかアルバなのか、あるいはダマスクなのかケンティフォリアなのか、どの系統に属しているかについては、たいてい彼女にも判別できる。だが、それ以上のことはわからない。というわけでエレオノーラは、薔薇を綿密に観察することにしている。棘の数、葉の形の特徴や秋に実を結ぶヒップの色などの細かい点が、系統学的に帰属するグループの特徴に結びつけば、薔薇の素性が明らかになるはずだからだ。いつかは本名で呼べることを、彼女はせつに願っている。

これまでのところ、それが実現したのはただの一度しかない。近隣の町のタルチェントに住む女性が、古い畑で見つけた薔薇をエレオノーラのところへもってきた。蕾を見ると、まわりに細く小さな葉がついていた。皇后ジョゼフィーヌがマルメゾンで育てていた〈ロサ・ケンティフォリア・フォリアセア *R. x centifolia foliacea*〉の、典型的な特徴である。ルドゥーテの有名な本にものっているその薔薇を、エレオノーラはただちに特定した。

一方、剛健にならざるをえなかったオールドローズたちの大半は、壮麗な姿と芳香にもかかわらず、無名のまま生きてゆく運命にある。花の盛りの五月でさえも、庭のこの部分には、えもいわれぬ美しさのなかに哀愁が漂っている。

デ・ロッコが天国へ旅立つ少し前に、エレオノーラが受けとった「ローザ・モチェニーガ」も、ここに仲間入りした。その両脇で育っている無名の一本は、深紅の花をつけるガリカ系のシュラブで、バルサミコ酢で有名なポー渓谷に位置するモデナの、古い墓地に立つ礼拝所の、入口付近で発見された。もう片方のシュラブは、ひじょうに大きくてたくましい。そして、ほれぼれするほど美しい緋色の花を咲かせる。「アルテーニャに住んでる夫婦が、夏休みにルーマニアを旅行したとき、森へ茸狩りに行って、この薔薇の茂みを見つけたんです。こっそり採って帰って、わたしのところへもってきたの。これもガリカ系の、すごく古い薔薇みたい」と、エレオノーラが説明すると、その花弁を数枚、わたしのほうに差しだした。「どれぐらい甘いか味わってみて。ルーマニアでは、この薔薇をジャムにするそうよ」

春になると、数千人の見学者がエレオノーラの庭を訪れる。だが、この裏庭にとおされることは、めったにない。彼女は毎日「みなしご」たちのようすを見て、発育ぶりに注意はしても、彼女自身ですら、ここの薔薇たちとは一定の距離を置いている。エレオノーラが「みなしごたち」に冷淡だとは言わないが、庭のほかの場所で育つ薔薇に対する親密さとは、どうも度合いがちがうように見える。それを彼女に訊ねると、「みなしごたち」は自分のものだと思っていない、という言葉が返ってきた。「自分は保護者だって考えてるんですよ。精いっぱい世話してるけど、自分の薔薇だという感じがしないの」

エレオノーラの庭の漏斗《じょうご》の足のように細くなった部分に、薔薇の「孤児院」はある。天守閣を守る歩哨《ほしょう》のごとく、入り口近くで立っている紫のガリカローズには、〈ディ・モワ・キ・ジュ・スイ〉（わたしがだれか教えて）という名前がついている。身元不明のオールドローズを象徴する、文句なしの名前だ。最近は園芸店でもこの薔薇が売られていることがあるものの、謎は残ったままである。この薔薇の本名は？ そして故郷はどこなのだろう――。

いったいだれが〈ディ・モワ・キ・ジュ・スイ〉と呼ぼうと考えたのか、わたしは好奇心に駆られ、エレオノーラにこの薔薇を売ったエレオノア・クルズという女性に電話をかけた。ひょっとして彼女なら、それを知っているのではないかと思ったのだ。「あらどうして？ 名づけたのはこのわたしです！」。受話器の向こうから、マダム・クルズの陽気な声が返ってきた。ローヌ＝アルプ地域圏のベルティの田舎で薔薇園を営んでいる彼女が、そこから二キロメートルほど離れた農場で、この薔薇を自分で見つけたという。「たぶん、十九世紀末期ごろ、ガリカローズとチャイナローズを交配させてできた薔薇だと思います」と、マダム・クルズは言った。「いつの日か、どなたかが、本来の名前を明らかにしてくれることを願って、わたしが待機中の名前《ノム・ダタント》をつけました」

オールドローズは、最近になって流行を復活させているため、一時は絶滅の危機に瀕していたことを、わたしたちはつい忘れがちだ。標的異種交配が広まった二十世紀初頭、園芸市場は、明るい色をした四季咲きの薔薇の大群に乗っとられた。その結果、オールドローズの需要が急速に落ちこみ、どこの育苗園も、人気の廃れたオールドローズを目録から外した。そればかりか、栽培までやめてしまったのだ。その喪失はあまりに大きく、あまりに素早かった。なんとか生き残ったオールドローズがあったなら、それは一握りの献身的な薔薇愛好家のおかげである。

　イギリスで活躍したガーデンデザイナーで、薔薇のエキスパートとして世に知られたグレアム・スチュアート・トーマスは、一九七〇年代に起

Dis-Moi Qui Je Suis

こったオールドローズのリバイバルにおける立役者となった。三〇年代末期に、彼がケンブリッジ大学植物園の見習い育苗家として働きはじめたころは、オールドローズにとくべつ興味をもっていたわけではない。見学してまわったイングランドとアイルランドの庭園では、数は乏しいもののまだオールドローズを目にすることができたが、藤色がかったピンクや紫の花に、「嫌悪感を抱きそうになった」という。オールドローズの世界は、瞬く間に消えていった。そしてそれを気にする者も、ほとんどいなかった。しかしグレアム・スチュアート・トーマスが、そのうちの一人になったのである。

当時、まだ残っていたオールドローズの個人蒐集では、エドワード・バンヤードのものが卓越していた。風流心をもつ庭師として、そして立派な文化人としても名を馳せたバンヤードは、イギリス随一の果樹栽培家、あるいはリンゴにかけては第一人者と称され、多岐にわたって才能を発揮した。その一方、二つの世界大戦のあいだにますます珍しい薔薇になっていたオールドローズを、バンヤードが腐心して集めていたことは、あまり知られていない。一九三九年、彼はみずから命を絶ち、蒐集した薔薇はすべて売りにだされた。それは、消えゆく世界の終焉を告げる、最後の鐘のようなものだった。

まだ若かったグレアム・スチュアート・トーマスは、バンヤードが集めた貴重な品種や変種が売り尽くされる前に、見ておくように言われた。するとトーマスは、「洞察力をもった男によって保管された秘宝」とあとで彼が表現するオールドローズに、はからずも虜にされるのだ。彼が生涯にわたって燃やしつづけた情熱は、まさにそのとき、火がついたのである。戦時中はイングランドのあちこちへ足を運ぶこともままならなかったが、トーマスは骨を折ってオールドローズの苗木を集め、少ないながらも、自分の蒐集をもつようになった。

トーマスのこの努力は、コンスタンス・スプライの関心を引いた。四〇年代と五〇年代のイギリスの社交界で、流行の仕掛け人となったミセス・スプライは、ライフスタイルの第一人者となっていた。鉄道職員の家庭に生まれ育ったコンスタンスは、ハックニー地区の民生委員としてキャリアの一歩を踏みだし、その後、自分で花屋を開くと、婦人にピルボックス帽〔つばのない小型の帽子〕がつきものだった時代の「マーサ・スチュアート」〔米国の著名なカリスマ主婦〕に変身するのだ。彼女は、私生活ではオールドローズに深く傾倒していた。トーマスも栽培しはじめたと聞くと、惜しみなく彼に知識を伝授し、喜んで手を貸す。やがて、高齢になったミセス・スプライは、オールドローズを手放さなければならないことを悟る。すると、彼女は年若い友人のトーマスに、手塩にかけて育てた薔薇を繁殖させてほしいと話す……。そうやって、二人のあいだで象徴的な引き継ぎがおこなわれ、少なからぬ数のオールドローズが、トーマスの蒐集に加わることになった。一九六〇年、ミセス・スプライは永眠した。トーマスと薔薇育種家のデイヴィッド・オースティンが協力し合い、かの有名な〈コンスタンス・スプライ〉を作出したのは、その翌年である。絶大な人気を集めるようになったフロリバンダ系〔房状に咲く中輪の薔薇で一九〇七年にデンマーク人のデニス・ポールセンが作出した〕とガリカ系の薔薇から、鮮明なピンクを受け継いだそのクライマーは、いわゆるイングリッシュローズの祖となった。

戦争が終結し、ふたたびガソリンが手に入るようになると、トーマスはオールドローズを探す範囲を広げ、ヨークシャーまで北上した。彼はまた、シシングハーストの庭園で有名なヴィタ・サックヴィル＝ウェストや、ウェストンホールで執筆にいそしんだサッシャヴァレル・シットウェルのような、オールドローズ愛好家の初期世代から、激励と恩恵を受けた。フランスやドイツ、そしてアメリカから運んだ苗木も加わったトーマスの蒐集は、一九四八年には、ほぼまちがいなく最高峰となっていた。彼の薔薇は現在、ナショナル・トラスト〔自然・歴史的環境保護を目的とする英国の非営利団体〕が管理し、ハンプシャー州のモーティスフォント・アビーの古い塀に囲まれた、彼自身のデザインによる心地好い庭で育っている。

トーマスがはじめて執筆した『オールドシュラブローズ（*The Old Shrub Roses*）』は、一九五五年に刊行されて以来、つねに名著の一冊にあげられ、何代にもわたって園芸家たちを鼓舞してきた。この本を読むと、オールドローズを植えて増やしたくなるばかりか、どこかの片田舎で咲いていているかもしれない忘れられた品種や変種を、探しだしてみたくなるのだ。

イタリア語版は七十年代になってから刊行され、当時、イタリアで最も知名度の高かった植物学者のイッポリート・ピツェッティが、本の監修を担当した。エレオノーラはその本について、こんな話をしたことがある。「わたしの買った最初の薔薇の本でした。アルテーニャではどんな本も手に入りにくいから、トリノの書店からわざわざとり寄せたの。家に郵便屋さんがやってきたときのあの興奮は、いまだって忘れません。トーマスさんにお目にかかるチャンスはなかったけど、彼の本からはとてつもない影響を受けたし、彼こそ、わたしの魂の水先案内人だと、いまでも思ってるんです」

エレオノーラは、地元のフリウリの野や山で人知れず咲いているオールドローズの救済に、すっかり熱中していった。トーマスが探しにでかけた場所は、たいていイギリスに古くからある壮大な規模の庭園だった。かたやエレオノーラは、ヴァレンティノが運転する車で、住んでいる地域の古い墓地や廃屋になった田舎家を見てまわり、アルテーニャの背後の山奥にも入った。彼女は、菜園や果樹園でオールドローズを育てている大勢のフリウリの人びとに会い、挿し木用の枝を快く分けてもらった。そうやってエレオノーラは、ひじょうに短い期間に、数十種類もの無名のシュラブを集めた。彼女を訪ねたデ・ロッコが、その後もたびたびやってきては、自分で見つけた薔薇を彼女に託すようになった。友人や隣人も、薔薇をもってひょっこり訪ねてきた。見知らぬ人ですら彼女の噂を聞きつけ、植木鉢やビニール袋に入れた挿し木用の枝を手にやってくるようになった。ほとんどがフリウリ地方のジェモーナやトリチェージモ、タルチェント、ニーミスなどの住人だったが、エレオノーラの評判が広まるにつれ、フリウリ以外の地域どころか、国境すらも越えたオーストリアやスロヴェニアからも、彼女のもとへ車を走らせてやってくるようになった。

トーマスのオールドローズは、昔からあるイングリッシュガーデンで再発見したものが大半を占め、品種を特定しやすかった。エレオノーラは、だれも知らないようなオールドローズを集めた。彼女はそういったシュラブに仮の名前をつけ、その多くが、もってきた人の名前か発見された場所に由来していた。

エレオノーラにとっての最初の「みなしご」は、母親から受け継いだ濃いピンクの薔薇だった。彼女の母親もまた、それを母親から受け継いだ。花弁がぎっしり詰まった花を咲かせる、頑健なそのシュラブローズの葉と枝は、粘つきのある綿毛でおおわれている。

エレオノーラは、〈ロサ・ケンティフォリア *R. x centifolia*〉と〈ロサ・ケンティフォリア・ムスコサ *R. x centifolia var. muscosa*〉を交配させたものではないかと考えている。エレオノーラの祖母は、アルテーニャの裏山にある村落、ジョウフ（フリウリ語では「狼」を意味する）に住んでいた。祖母が耕していた畑で、はじめてその薔薇を見たときのことを、彼女はよく記憶している。戦時中、まだ幼かったエレオノーラと二人の妹は、母親に手を引かれながら二時間山道を歩き、週に一度、祖母を訪ねた。村落までの道は薄暗く、とりわけ寒い冬には荒涼としていた。ところが春や夏になると、幼い姉妹にとって、山歩きはなによりの楽しみになった。道すがら、せせらぎで水を飲み、果樹園で実るプラムをかじり、野薔薇の花びら《フェス・ディ・ガロフル》を摘み、ブラックベリーの甘くこりこりした蕾《ブンテス・ディ・バラス》を、もぎとってはほおばった。山歩きが、またとないご馳走になったのである。

祖母の畑は、村落に到着する途中の、小さな家庭菜園のなかにあった。幼い姉妹が、ジョウフにつづく小道の最後の曲がり角を折れて畑にでるとき、愛すべき〈ガロフル・ダル・ムスクリ〉（フリウリ語で「苔むした薔薇」という意味）が、美しく誇らしげな姿で出迎えた。

エレオノーラはジョウフへ向かう車中で、わたしにこう言った。「うちの家族が、どうしてその薔薇を育てはじめたのかよく知らないの。祖母の家は祖父の家よりお金持ちだったから、それでたぶん、一八九〇年に祖母が嫁いだとき、嫁入り道具の一つとして、その薔薇をもってきたんじゃないかしら。そうじゃなかったとしたら、父の家が困窮してたとき、伯母が掃除婦として働いていたジェモーナ伯爵のお城で、一枝もらって、それが育ったという可能性もありますけど」

幼いエレオノーラが歩いた小道は、いまでは整備されて道路となり、アルテーニャからジョウフへのドライブは十五分とかからない。しかし、山中に残っているのは、ほんの数軒の古い家屋と、噴水と洗い場の溝だけだった。エレオノーラの祖母の家はまだあったが、家庭菜園は姿を消し、雑木林になっていた。

エレオノーラの家までの帰り道、アルテーニャにつづく曲がりくねった道路を半分下ったところで、彼女はヴァレンティノに車を止めるように言った。「子どものころ、ジョウフをあとにするのがいつも夕暮れどきだったでしょ、だから、小道の曲がり角にたどりつくころには、かなり暗くなってたの。抵抗運動の民兵《パルティジャーニ》たちに撃たれた若いドイツ人兵士が、この小道の脇に置き去りにされて死んだのよって、母がわたしたちに話したことがあったもんだから、わたしたち、もう怖くて怖くて、ここをとおるときは、いつも早足になったもんなのよ」

一九四三年のムッソリーニ政権の崩落後、ドイツ軍はアルテーニャを占領した。しかし、ドイツ軍の兵士たちは、銃を手にしてナチスに立ち向かう抵抗運動の民兵たちの恰好の標的になるため、単独で山に入ることは避けていた。それがなぜ、ドイツ兵が一人で山中を歩きまわっていたのか不思議に思ったわたしは、エレオノーラに訊ねた。すると彼女は、道路のそばに見える一軒の農家を指さして言った。「あそこに住んでいた娘に恋をしたのよ。娘に逢いに、毎日ここまでやってきたそうよ、命の危険を冒して。結局、待ち伏せしてた抵抗運動の民兵たちに撃たれてしまったんだけど……。でも、彼らはすぐには殺さず、三日間もだえ苦しんで息を引きとるまで、そこに放置していたんですって。農家に住む家族は、彼のうめき声で眠れない夜をすごしていたの。それでも自分が殺されるのが怖くて、だれ一人として彼を家に運ぼうとしなかったのよ。兵士がついにこと切れて、ドイツ軍がその亡骸を引きとりにきたとき、農家に火をつけると脅したらしいわ。家族は、兵士を殺したのは抵抗運動の民兵たちだと必死に説明して、ようやくドイツ軍が納得し、立ち去ったというわけ」

戦争が終わると、何者かがそのドイツ人兵士が息絶えた場所に十字架を立てた。そしてそばにはいつも、摘みたての花が飾られていた。花を手向けているのは、兵士が恋をした娘だろうと、だれもが思った。ところが、時が流れ、娘が老いて亡くなったあとも、相変わらず十字架のそばに花が飾られていた。娘の家族は、次の世代になっても、良心の呵責から花を手向けつづけているという話が、まことしやかに伝わった。

わたしたちは車を降りて、道路脇に立つ錆びついた鉄の十字架のところまで歩いた。兵士が殺されてから、七十年がたつ。墓のそばにある壺には、青と黄色のプラスチックの造花が飾られていた。エレオノーラが言った。「花の季節はもう終わりだから……。いつもなら、生の花が飾ってあるのよ」

エレオノーラの祖母の畑は、もはやジョウフに存在しない。それでも、ピンクの薔薇は生きながらえている。彼女はわたしにこんな話をした。「母が父と結婚したとき、嫁入り道具の一つとして、この薔薇をアルテーニャまでもってきたんです。母は、家からちょっと離れたところにある菜園に植えたんだけど、薔薇が満開になる五月になると、わたしたち娘を起こして、『ガロフル・ダル・ムスクリを見といで！』って、言ったもんでした。わたしたちはベッドから飛び起きると、あわてて服を着て、まっすぐ丘を目指しながら、駆けたりスキップしたりして母の菜園へ行くの。すると母が、わたしたちに薔薇をもたせて、ねばねばした苔みたいな綿毛を指でこすらせたり、その香りを嗅がせたり……香辛料や果物の香りじゃなくって、典型的な薔薇の甘い香り《プロフーモ・ディ・ローゼ》。花が咲くのは、年に一度だけでしたからね」

子ども時代の幸福な憧憬を思い浮かべながら、エレオノーラは微笑んだ。

「ガロフル・ダル・ムスクリを見にいくのは、ほんとに、楽しみだった」

その薔薇が満開を迎えたあと、エレオノーラの母親は、落ちる前の花びらを集めて家にもち帰り、リネンを入れる戸棚に散りばめた。シーツをとりだすたびに嗅いだ薔薇の甘い香り《プロフーモ・ディ・ローゼ》を、エレオノーラはいまでも覚えている。「わたしがヴァレンティノと結婚したときも、嫁入り道具の一つとして、母がガロフル・ダル・ムスクリをもたせてくれたんですよ。リネンに薔薇がつきものだと思ったんでしょうね。それで、いまわたしのところにあるわけ。残念ながら、リネンの戸棚に使うことは、めったにないんだけど……。それにしても、これほど年月がたったのに、まだわたしはちゃんとした名前を知らないのよ。わたしたち姉妹は、昔から『母さんの薔薇《ラ・ローザ・デッラ・マンマ》』って呼んでるの」
エレオノーラには、オルネッラという娘がいる。彼女が結婚したときには「ガロフル・ダル・ムスクリ」をもたせなかった。「だって、娘が家族と住んでいるのは、都市部の集合住宅だから」と、彼女は理由を説明したあとで、「息子のディーノが結婚するときは、たぶん、もたせるつもり。四十九歳だけど、希望は捨てるもんじゃないでしょ」と言った。目下のところは、エレオノーラの家で引き継がれてきたこの伝統は、風前の灯といった状況に近い。とはいえ、誇り高い古参兵のようなその薔薇は、ほかの「みなしご」たちに囲まれ、たくましく育っている。エレオノーラを訪ねたとき、わたしはかならずその薔薇を見にいく。濃いピンクの大輪の花を一つ手にとり、ねばねばした綿毛の感触を指で記憶し、それから腰を折って、例の薔薇の甘い香り《プロフーモ・ディ・ローゼ》を嗅ぐのだ。

エレオノーラの「みなしご」の一つに、清楚な白い花を無数につける、頑丈なシュラブローズがある。その薔薇は、いにしえのロザッツォ修道院の庭で繁茂していた。十一世紀に建てられたロザッツォ修道院は、国境を越えてスロヴェニアまで広がる丘の古いブドウ畑のなかにあり、要塞としての役目も果たしていた。敷地内の教会に入ると、聖職者席に飾られた十六世紀のフレスコ画に、その薔薇が描かれている。それほど古くから存在した薔薇は、ロザッツォ修道院のシンボルとなった。僧侶たちは単に「ラ・ローザ・ディ・ロザッツォ」（ロザッツォの薔薇）と呼んだが、品種や由来について、たしかなことはなにもわからなかった。そしてあるときその薔薇は、一本残らず枯れてしまった。

なぜそれが現在も咲いているのかは、エレオノーラが聞かせたくてたまらない話の一つである。

一九一五年、イタリアが第一次世界大戦に参戦すると、修道院は接収された。東フリウリは主要な激戦地だった。イタリア軍とオーストリア軍の兵士がにらみあう前線は、ロザッツォから遠くなかった。オーストリアの軍隊が前線を突破し、フリウリに攻め入る五か月前の一九一七年五月、陸軍病院となっていた修道院に、一人の若い伍長が担架で運びこまれた。その伍長、ジョヴァンニ・コバイは、ゴリツィア近くで敵軍の手投げ弾を受け、両脚にひどい損傷を受けていた。彼の弟のルイジは、友人のベニアミーノ・パスコロを伴って病院を訪れた。ルイジは兄を見舞う前に修道院の庭に立ち寄ると、ちょうど見ごろを迎えていた白く愛らしい「ラ・ローザ・ディ・ロザッツォ」を手折り、花束をつくった。

戦争が終結し、多くの若いフリウリ人同様に仕事がなかったパスコロは、鉱山に働き口を求めて、フランスのロレーヌへ移住を決めた。故郷のフリウリには二度と戻らないかもしれないと思った彼は、発つ前に、もう一度ロザッツォ修道院を訪れることにした。修道院の庭で咲いていた薔薇の枝を、フランスへもっていきたいと思ったのだ。

数年後の一九二九年の冬、記録的な寒波に見舞われた修道院の庭の薔薇は、一本残らず枯れた。伝説に名高い「ラ・ローザ・ディ・ロザッツォ」も、例外なく全滅してしまった。あるる穏やかな春の日、ベニアミーノの孫のジャン＝マルク・パスコロが修道院の戸口にあらわれるまでの六十年間、その薔薇は完全に失われたと、だれもが思っていた。フランスからフリウリ地方へ旅行にやってきたジャン＝マルクは、旧家の屋敷を見学してまわるついでに、たびたび祖父から話を聞かされていた、ロザッツォ修道院を訪ねた。彼は、あの有名な「ラ・ローザ・ディ・ロザッツォ」を見てみたいと思い、庭に入る許可をもらうためにディーノ・ペッツェッタ修道院長に会った。そのとき、一九二九年の厳寒で薔薇が全滅したという話を、はじめて聞くのである。

「でも、フランスのぼくの家の庭に、たくさん育ってますよ！」

ジャン＝マルクは思わず声をあげた。

翌年、ジャン＝マルクはみごとな「ラ・ローザ・ディ・ロザッツォ」を一株たずさえて、ロザッツォへ戻ってきた。いまではそれが、修道院の庭でふたたび花を咲かせている。ジャン＝マルクは、修道院を再訪したおりにエレオノーラの庭も見学した。彼女に会い、その薔薇の挿し木用の枝を彼女にゆずっておくのが、賢明な判断だと思った。

エレオノーラはくすくす笑いながらわたしに言った。

「だって、またあんな寒波がやってくるといけないでしょ」

わたしはアルテーニャを訪れると、庭の奥にいるみなしごの薔薇たちの、その切なく悩ましげな落ち着きのなさに、引き寄せられずにはおれない。華やかな薔薇たちのいる三つの大きなスペースには、もっと陽気で、もっと澄ました雰囲気が漂っている。わたしは、薔薇にまつわるマダムたちの話を、あれこれ語って聞かせるエレオノーラのあとについて、庭を歩きまわる時間を心から愉しんでいる。ところが、みなしごたちが手招きする場所までやってくると、知らぬ間に自分から歩み寄っているのだ。

天気がよければ、わたしは大きなクルミの木陰で横になり、しばしその薔薇たちをながめている。エレオノーラの庭では、みなしごたちは粗野な薔薇の集まりだ。どこかの荒地から引き抜かれてきた薔薇たちは、用心深く自分たちの秘密を守り、だれとも関わろうとしない。つねに品評会にでて、自分の物語を話してもらいたがっている薔薇とはちがい、みなしごたちは喋りたがらない。またその沈黙が、もどかしさを感じさせかねないのである。

迷子の薔薇は、たいてい無名のまま過去が葬り去られ、アイデンティティーを消されている。おたがいに守りを緩め、薔薇の言葉で会話をする日は訪れるのだろうか？　蜜蜂やホーフィンチが魔法を使って、みなしごたちの種をまく手助けをするのだろうか？　エレオノーラの「孤児院」でも、新しい命が、つまり新しい薔薇が誕生することがあるのだろうか？

ある昼下がり、クルミの大木の下で夢想していると、家のなかからわたしを呼ぶエレオノーラの声が聞こえた。

「ムッシュー・ジョワイユがいらっしゃるわ、ムッシュー・ジョワイユがいらっしゃるのよ！」

エレオノーラとわたしを引き合わせた友人のベネデッタは、コルドヴァードで二日間にわたって開催するイベントの準備に追われていた。そして秘密裏に、ムッシュー・ジョワイユの招聘《しょうへい》を進めていた。驚いたことに、ムッシュー・ジョワイユがそれを承諾したのだ。彼はみずから運転する車で、マダム・ジョワイユとともにフランスからやってくるという。ジョワイユ夫妻は、アルヴィゾポリでの「ローザ・モチェニーガ」の見学とアルテーニャへの訪問を日程に組みこめるか、ベネデッタに打診してきていた。

エレオノーラは、イベントに関する一連の情報をわたしに伝えると、声高にこう言った。

「想像してみて！　ムッシュー・ジョワイユご本人が、わたしの薔薇を見にいらっしゃるんですよ！」。一か月も先の話なのだが、彼女はすでに興奮状態にある。ヴァレンティノのほうを向き、彼女はこう告げた。「準備をはじめなくちゃ。しなくちゃならないことが山ほどあるでしょ！」

いつもは泰然自若としているヴァレンティノも、さすがに感激したのか、独りごとのようにつぶやいた。「ムッシュー・ジョワイユか……こりゃ参ったぞ」

別れぎわ、フランス語が話せるかとエレオノーラがわたしに訊ねた。わたしは、ああ、と答えた。

「それじゃ、ムッシュー・ジョワイユの滞在中、あなたが、お付きになるのよ」

第八章　エレオノーラとヴァレンティノ

　第二次世界大戦の戦禍をこうむったフリウリ地方が、まだ貧しい田園地帯だった一九五七年、ヴァレンティノとエレオノーラは田舎の結婚式で出逢った。近隣の町、ジェモーナ出身のヴァレンティノは、バスの運転手兼整備工として働いていたが、もじゃもじゃの金髪とおおらかな笑顔が印象的な、体格のいい十八歳の青年だった。

　あるとき、アルテーニャを訪れていたわたしは、昼食時にヴァレンティノがひいきにしている料理店《トラットリア》にいた。カベルネを数杯飲んだヴァレンティノは、いつもより饒舌になっていた。「いまでも覚えてるさ。エレオノーラが着てたのは、五〇年代に流行った、あの大きくふくらんだスカートと体にぴったりした白いシャツだ」

　エレオノーラはすかさずそれを訂正した。「ライラック色よ。シャツもスカートも、どっちもライラック色」。彼女のほうは十九歳だった。「わたしより一つ年下だってわかってたら、この人のことは見向きもしなかったでしょうね」

大きくたくましい手でおんぼろバスのハンドルを握り、村を貫く狭い道と背後の山道を、ガタンガタンと音を立てて往復するヴァレンティノの姿は、アルテーニャではお馴染みの光景となった。商業学校を卒業したエレオノーラは、ワインの樽をつくっていた父親のベルナルドの意向によって、地元のワイン醸造所に会計係として就職した。エレオノーラの家族が住んでいた田舎家は、一九七六年の地震で倒壊してしまったが、彼女が住んでいたころは、大桶や樽を塀に立てかけた広い中庭が、自分の部屋から見下ろせたという。その塀の向こうに広がる野辺では、木々が実をつけ、花が咲き乱れていた。

ヴァレンティノのバスが、エレオノーラ

の働くワイン醸造所の前を走り去るたび、彼女は外にでて手を振り、彼は合図のクラクションを三回鳴らした。ヴァレンティノの求婚は、兵役中の三年間も途切れることなく、五年におよんだそうである。一九六三年、二人はめでたく教会の鐘を鳴らした。結婚後もワイン醸造所で働いていたエレオノーラは、息子のディーノの出産をきっかけに仕事を辞め、数年後には娘のオルネッラが生まれた。ずっとバス会社に勤務していたヴァレンティノは、管理職についたあと、定年まで勤めあげた。

七十代になったいま、ヴァレンティノは引退生活を送っている。ところが、これほど身を粉にして働くことは、彼の人生ではじめてだという。ヴァレンティノとエレオノーラは、薔薇と畑の手入れのために精魂を使い果たすような毎日を送っている。ヴァレンティノは、前日の疲れがとれないまま、薄くなった頭を防寒用の黒い毛糸の帽子で包みこむと、朝の六時に、土が柔らかくなるまで時間のかかる冬にはそれよりもやや遅い時間に、庭にでてゆく。他方、エレオノーラは、紅を引いてほどよく化粧し、身だしなみをきちんと整えて、ヴァレンティノのあとから庭にでる。そして彼に、あれこれ指示を与えるのだ。

庭での監督役がだれなのかは、すぐにわかる。ヴァレンティノは言う。「どこを掘って、いつ刈って、いつ剪定するか、カミさんに言われるがままだよ。庭ではカミさんが親分でいいんだ。おれは薔薇のバの字も知らないし、自分がなにを植えてるかもわからないんだから」

薔薇が気持ちよさそうに繁茂し、みごとに整えられた二人の庭を一瞥すれば、ヴァレンティノがとぼけていることは、火を見るよりも明らかだ。もちろん彼は、自分がなにを植えているのか、ちゃんと把握している。無知を装い、本来の自分を隠すことで、すべての決定を妻にゆだねている。エレオノーラは、率先して主導権を握る傾向と、親分肌とでもいえるような、生まれながらの自負心をもっている。労働における二人の分担は、それぞれの性分に合致しているというわけなのだ。指示を受けて実行するほうが、ヴァレンティノには違和感がない。彼は言う。「正しい座標、経度、緯度を教えてくれれば、ちゃんとそこへ連れてくよ」。若いころのヴァレンティノは、信頼にかけては東フリウリ随一のバスの運転手だった。彼は長年ハンドルを握りつづけたあと、発車係と時刻表に頼るようになった。

エレオノーラは正午になると、家に戻って昼食を準備する。料理は彼女の得意分野ではないが、手際よくあれこれ盛り合わせて簡単な食事をつくる。外にでられない雨の日は、火に大鍋をかけてシチューを煮たり、野菜を調理して冷凍庫に保存したりする。そうすれば時間が節約できるからだ。「それがある日は、庭から家に戻ったらスプーンやフォークを並べて、温めるだけで済むでしょ」。十二時半きっかりに家に戻るヴァレンティノは、ブーツの泥を落としてから食卓につく。時間に正確な彼は、約束に遅れたり予定どおりにしなかったりする者には、腹を立てる。時間厳守への執着は、バスの運転手時代に身についた、もう一つの習性だ。ヴァレンティノは、庭ではエレオノーラのしたいようにさせている。その代わり彼女が、毎日時間どおりに食事をだすのだ。

ヴァレンティノは、一度決まった習慣は、ほかのことでも変えない男である。十年一日のごとく、彼は昼食におなじカベルネ種のワインを二杯飲み、グラッパを数滴落としたエスプレッソで終える。それから庭仕事に戻る支度をして、日没まで働く。ヴァレンティノがふたたび木こり用のブーツをはくあいだ、エレオノーラは洗い物を残したまま、服装を整え、髪の乱れを直し、フクシア色の口紅を塗る。庭で雑草を抜くか土いじりをするだけにもかかわらず、なぜわざわざ口紅をつけるのか、わたしは訊ねてみたことがある。すると彼女は、臆する色もなく答えた。

「だって薔薇たちには、戻ったときもきちんとした格好に見えていたいじゃない」

ヴァレンティノは、いまではたいていの庭仕事を好んでするが、チェーンソーのモトセーガを使う作業が、わけても気に入っている。「右足を一歩前にだして、踏ん張る態勢をとるだろう、そうすると、自分が完全に制御してるって気がしてくるんだよ。その仕事をきっちりやり終えるのが、自分でわかってるからさ。どっちみち、おれには選択の余地なんかない。まちがった手足……おっとちがった小枝！　まちがった小枝を切り落とそうもんなら、カミさんがこん棒もって追っかけてくるから、ただじゃ済まない」

エレオノーラはにこりと笑った。「この人、失敗するのが怖いのよ。わたしが言ったことをきちんとするかどうか見てなきゃ、すっかり困惑して、いいわけがましくなるの」

ときには、おたがいが癪《しゃく》にさわることもある。ある日、エレオノーラとわたしが庭にでると、ヴァレンティノが木に登り、古い枝を落としていた。彼をよく見ると、吊りひもだけで枝に体をつなぎとめている。エレオノーラは木の高いところを見あげながら、「そこを切り落として！……それと、あっちも！」と大声で指示した。ヴァレンティノが、次第に苛立ちはじめたのがわかった。しばらくすると彼は、「消えてくれ！……おれに仕事をさせてくれ！」と大声で言い返した。エレオノーラはわざと驚いた顔でこちらを振り向き、「いらいらを募らせて、わたしを退散させるの。いっつもこうよ」と言った。「ここにいてちょうだい……あの人が落ち着きをとり戻すまで、わたしはどこかほかの場所で仕事を見つけることにしますからね。じきにわたしが恋しくなって、エレオノーラ、エレオノーラって、呼びはじめるに決まってるんだから」

しばらくして、ヴァレンティノが狼狽する老猫のように木から下りてきた。「うちのカミさんは、ちっともわかってないときがある。もし、木の上にいるおれの集中力が一秒でも切れたら、熟れた柿みたいに、ボトンと地面に落ちることになるってのに……」と、彼は作業着についた小枝や樹皮を払いながら言った。
ヴァレンティノは気を鎮めると、散乱した道具を集めて、次の仕事に向かう準備をした。彼はわたしに訊いた。「うちのカミさん、どこ行った？」。わたしがエレオノーラの向かった方角を指さすと、彼は妻を捜しに向かった。すぐに、フリウリ語で叫ぶヴァレンティノの声が聞こえてきた。「エレオノーラ！　いったいどこに行ってたんだ？《ラ・セ・テュ・ラデ・ア・フィニーレ》」

しかしこの二人に、長時間のいがみ合いは許されない。協力し合わなければ、庭ですごすことのできるかぎられた時間を、みすみす失うことになるからだ。疲労困憊《こんぱい》するほど働いていても、日々の仕事は絶えず遅れをとっている。というわけで、たまの口喧嘩にもかかわらず、二人は能率よく働くために団結している。彼女は言う。「くる日もくる日も、二人で険しい山を登っているみたいな、そんな気になるの。立ち止まって大きく息をするひまもなく、上へ上へと……。ふっと気がつけば、もう五月の後半。とうとう山頂まで登りつめていて、わたしたちのまわりで、庭が爆発をはじめたようになるんですよ。そんなに長つづきはしないけど……長くても二週間ほどかしら。それからわたしたちはゆっくり山を下りて、次の年もおんなじように、長い時間をかけて山を登れるよう、力をたくわえるの。それがわたしたち夫婦の人生。薔薇が花盛りを迎えるときのために、急いで、急いで、一年中急いで……。完璧な庭をもちたいなんて思っちゃいませんよ。けどね、わたしの薔薇たちには、この庭のなにもかもを、心地好く感じてもらいたいの。真夜中に目が覚めて、遅れをとっていることが心配でたまらなくなることがよくあるのよ。ヴァレンティノを揺り起こして、もうこれ以上わたしには無理だって、彼に言うの。庭も家も売り飛ばしましょうよって。でもたぶん、この家を買おうなんていう奇特な人はいないでしょうから、わたしたちは庭から逃れられないんだって、今度はそう思えてきて……。わたしの気持ちがものすごく昂《たかぶ》ると、ヴァレンティノがベッドからでて、服を着て、真っ暗な庭へでて行くの。だって、わたしを落ち着かせるには、庭で仕事をしているところを見せるしかないって、わかってるから」

夕食を済ませると、ヴァレンティノは薪ストーブの横に置かれた肘掛け椅子に座り、カタログをめくりながら夜をすごす。それには、芝刈り機や草刈り機、刈りこみ用の道具、刈り払い機、そしてチェーンソーなど、大型の園芸用具の広告が掲載されている。エレオノーラは食卓を片づけると、本やフォルダーをとりだして作業にかかる。その日庭で見たことや本で読んだ情報などを、大きく整った筆跡の、大文字で書きとめる。紙面が文字で埋まると、それをよく整理されたフォルダーに収めてゆく。彼女のフォルダーはこの二十年間で、数百冊になった。二部屋が資料を保管するための倉庫となり、そこにはメモや切抜きの詰まった箱が山積みされている。

ヴァレンティノは、エレオノーラの手間を少しでもはぶき、そして彼女の頭のなかとファイルに綴じられた情報を、コンピューターのハードディスクにも保管できるように、便利なソフトウェアを買おうとした。しかし彼女には、紙と鉛筆への愛着を捨てることができないのだ。エレオノーラは毎晩、家で復習をする女子生徒のごとく、食卓にかじりついている。そんな妻の姿を、火のそばに置いた椅子から見つめるヴァレンティノのつぶやきはこうだ。
「この頑固者《テスタ・ドゥーラ》」

五月半ばから六月のはじめにかけて、エレオノーラの庭が花盛りを迎えると、アルテーニャに薔薇愛好家たちが押し寄せてくる。そして年々、増加している。最後にわたしがその数を訊ねたときは、フリウリのみならずオーストリアやスロヴェニアからの来訪者も含めて、二千五百人、と彼女は答えた。庭で自然に生まれたハイブリッドが、呼びものになっている。新たなハイブリッドを見るために、毎年やってくる薔薇蒐集家もいるほどだ。

エレオノーラの評判がますます高まってゆく半面、無節操な地元の政治家や土地を奪おうとする悪徳開発業者によって、彼女の庭はつねに脅威にさらされている。エレオノーラとヴァレンティノが、みなしごの薔薇たちのために買った土地と昔から所有していた庭の一部を、社交用の多目的施設《チェントロ・ポリフンツィオナーレ》を建設するために収用するという話がもちあがったのは、ついの数年前のことだった。

「ヴァレンティノもわたしも、一時はショック状態になってしまって……。庭の半分が、破壊されていたかもしれなかったんだもの」と、エレオノーラは振り返る。二人はショックから立ち直ると、抗議行動にでた。わずか数日のうちに、アルテーニャと周辺に住む千五百人から署名が集まった。人口の少ない自治体では、たいした数である。地域の新聞社にも、反対運動の記事が掲載された。にわかに反対運動のうねりに気づいた首長が建設計画を縮小し、二人の土地は収用されずに済んだ。

それから数年がたち、いまだ建設中の多目的施設は、ときおり思いだしたように工事が進められている。地元の資金が底をつき、長引く経済不況によって、エレオノーラとヴァレンティノのローズガーデンに隣接する建設現場は、どうやら永遠に目障りなものになる気配である。いつの日かその巨大な施設が完成したとしても、アルテーニャのような小さな自治体〔人口は三千人足らず〕が、社会活動にフルに利用している姿は想像しにくい。

エレオノーラとヴァレンティノは、この一件では所有地への脅威を排除できたものの、二人にとって厳しい現実を突きつけられることになった。エレオノーラは、自分たちの闘争に関わる記事を切り抜いてフォルダーに保管し、いまなお不安定な情況を自覚するために、日ごろからそれを読み返すことにしている。

わたしは、彼女とヴァレンティノが庭の手入れをできなくなる日が来たとき、庭はいったいどうなってしまうのだろうと、よく気になる。ヴァレンティノはこの先、あとどれくらい重い機械を引きずって庭をまわり、木を登り、穴を掘り、薔薇や野菜を植えていられるのだろうか？　暑いとき、寒いときに、重い足どりのエレオノーラが薔薇のようすを見るために、あとどれくらい、敷地の端から端まで歩きまわることができるのだろう？　じきに二人には、外部の助けが必要になる。よしんば二人が、力仕事のできる若者の手を借りることを受け入れたとしても、ヴァレンティノの年金から賃金を払う余裕はないかもしれない。荒れた天気が二人を困らせ、庭に壊滅的なダメージを与えたとしたら、庭を元に戻すための資源は、いったいどこで見つけられるというのだろう？

「もう若い人のようにはできないわ。それにヴァレンティノだって、もうすぐ木に登れなくなるでしょうしね」と、エレオノーラ自身も認めている。それでも、将来の計画を立てているのかとわたしが訊ねると、いつも逃げ口上の返事しかしない。そして彼女は、ルチアが日記に書いたアンドレ・デュ・ポンの話を、かならず引き合いにだす。それは、皇后ジョゼフィーヌに薔薇を調達していた薔薇蒐集家の、無念やるかたない話なのだ。

ライン地方出身のデュ・ポンは、一七七〇年代末期にパリに移り住んだ。薔薇のエキスパートとして評判を確立させながら、リュクサンブール公園に近い育苗家の居住区に落ち着いた。彼は、郵便業務の仕事についてからも薔薇の蒐集を増やし、海外から珍しい薔薇を輸入したり、新しい品種をつくったりして、質のいい園芸品種の売り買いをつづけた。デュ・ポンを庇護下に置いた皇后ジョゼフィーヌが、彼の上得意となった。一八〇八年の一年だけでも、彼女はデュ・ポンから千五百株の薔薇を買っている。彼は、パトロンとしての彼女に感謝をあらわすために、青味がかった白い花をつける〈ロサ・アルバ・カルネア・ヨセフィナ *R. alba carnea Josephina*〉を作出した（すでに絶滅したと考えられている）。

デュ・ポンの薔薇蒐集の規模は、フランス国内では群を抜いていた。一八〇九年の販売用目録には百本の品種や変種のみを掲載したが、フォーブール・デュ・テンプルにあるラ・フォンテーヌ・オ・ロワ通りの庭では、五百三十七種類もの薔薇を育てていた。ルチアはジョゼフィーヌのあと押しで、デュ・ポンを数回訪ねている。ルチアに胸襟《きょうきん》を開いた彼は、十二年前に妻のルイーズに先立たれたときの悲しみや、残されてどれほど寂しい思いをしているかを、彼女に吐露した。ある日のこと、彼は庭のなかの人目につかない場所にルチアを案内し、妻の心臓が埋められているハート形の埋葬地を見せた。彼は、刈りこんだ蔦《つた》におおわれた墓の前に立ち、自分の心臓もそのとなりに埋めて欲しい、とルチアに語った。

その当時、デュ・ポンは苦難の日々を送っていた。前年の一八一三年に三十五年間務めた郵便業務を退職した彼は、ラ・フォンテーヌ・オ・ロワ通りの家の家賃を、ささやかな額の年金では払えなくなっていた。庭がなければ、薔薇を処分しなければならないのだ。デュ・ポンの客たちはひどく驚いたが、彼は廃業を余儀なくされることを、すでに予告していた。彼の蒐集を丸ごと買いとり、彼も一緒に移り住むようにと、少なくとも一人の裕福な外国人から申し出があった。しかし、老後をパリですごしたいと願っていた彼は、それを断った。

ところが、イタリアに帰国するルチアが最後にデュ・ポンを訪ねたとき、ある解決策が見つかっていた。デュ・ポンには、彼が愛してやまないリュクサンブール公園のなかに、自分の薔薇のための完璧な棲家として、長年目を向けていた一画があった。そこは雛《ひな》壇式になった庭で、プティ・リュクサンブールとして知られる十六世紀の「オテルパルティキュリエ」〔貴族が都市に構えた豪奢な私邸〕に面していた。そこでデュ・ポンは、年金の追加金と引き換えに自分の薔薇をすべて寄付したいと政府にもちかけるのだ。すると、元老院の議事堂となっていたリュクサンブール宮殿では、高位についていたセモンヴィル伯爵が、デュ・ポンの利益となるようとりなす。首尾よく、取引は成立。薔薇はリュクサンブール公園に移植され、デュ・ポンは年に六百フランの追加年金を、四期に分割して受けとった。彼はそれで、ラ・ヴィエイユ・エストラパード通りに狭いアパルトマンを借りることができた。

ナポレオン軍が戦いに負けた春、やがて同盟軍がパリを占領し、帝国は崩壊した。ルチアはイタリアに帰国し、デュ・ポンと再会することはなかった。晩年のデュ・ポンが書いた数通の手紙を、パリ記録保管所で探しだし、それらをつなぎ合わせてこの話のつづきを明らかにしたのは、じつは、ムッシュー・ジョワイユである。

ナポレオンの失脚後、ブルボン家が王政を復活させたものの、フランスの官僚社会は混乱状態に陥っていた。一八一七年の四月、デュ・ポンが四半期賦払いの年金を受けとりにゆくと、職員から「無効《スプリメ》」になっていると告げられる。彼はセモンヴィル伯爵に手紙を三度書いたが、返事は一度もこなかった。いてもたってもいられなくなったデュ・ポンは、家賃すら滞納せざるをえない窮状を訴える手紙を、王室《メゾン・ロワイアル》の主任職員宛てに書いた。それでもやはり、追加分の年金は支払われない……。辛酸をなめたデュ・ポンは、新しい年を迎えることなく、貧困のうちに絶命した。

ムッシュー・デュ・ポンの人生の悲しい末期は、エレオノーラの心に強烈な印象を残している。彼女はいつも言う。「哀れな男よね。年金ももらえず、薔薇も失ったんだもの。奥さんのルイーズのとなりに自分の心臓を埋めてくれっていう彼の遺言を、だれかが覚えてくれてたことを祈りますよ」

蒐集家はみな、自分がこの世を去ったとき、自分の薔薇がどうなるかという問題にいつかは直面する。珍しい品種をほかの蒐集家にゆだねる者や、薔薇が永らえるための財団法人を設立する者、あるいはどこかの植物園にそっくり遺贈する者もいる。それをしない者は、もっと恒久的な解決法を、なんとか見いだそうとする。たとえばグレアム・スチュアート・トーマスは、ハンプシャーにあるモティスフォント・アビーの塀で囲まれた家庭菜園のなかに、オールドローズたちのための棲家をみずから設計し、ナショナル・トラストに管理を託した。貴重な薔薇は、たとえば、ヴィタ・サックヴィル＝ウェストのオールドローズが育っているシシングハーストやカースル・ハワードのように、たいてい広大な地所で蒐集されているため、残存する可能性が高い。ところが、そうではない蒐集の多くは、きわめて重要なものですらも、そっくり消滅している。

ジョゼフィーヌがマルメゾンにつくった庭園にしても、荒廃はあっという間のことだった。彼女の薔薇がこれほどよく知られている理由は、ルドゥーテによって描かれたからなのだ。十九世紀に活躍した女性著述家のジョルジェット・デュクレストは、ジョゼフィーヌとは若いころから旧知の仲だった。ジョゼフィーヌが永逝して数年後、マルメゾンを再訪したときに彼女がつづった数行を、エレオノーラがわたしに読んでくれたことがある。「公園は、見る影もありませんでした。彼女が植えた珍しいシュラブローズは、どれも根こそぎ抜かれ、売り飛ばされていました。石楠花《しゃくなげ》が並んでいた細道にあるのは、雑草に埋もれながら、大きく口を開けた穴だけ。あの優美な花壇が、背の伸びたムラサキウマゴヤシにおおわれていました。破壊は、それ以上は無理だというほど、早く、完璧だったのです」

マルメゾンにできた「ぽっかり空いた穴」のイメージは、絶えずエレオノーラにつきまとっている。「わたしの薔薇には、あんな風になって欲しくないのよ」と彼女は言うが、わたしの知るかぎり、集めた薔薇を売る意志は彼女にはない。世界中で自分の庭だけに存在する自家栽培の貴重なハイブリッドですらも、ほかの場所で子孫を増やすつもりはないのである。それどころか彼女は、一切、なにもしたくないようなのだ。「ものすごい喜びを、薔薇たちからもらったでしょ。だから、わたしがいなくなったら、自然に帰してやればいいんです。心配なんかしてないの」

ヴァレンティノはよく、「おれたちが死んだら、あいつらがタルプをもって乗りこんでくるぞ」と言ってエレオノーラをからかう。フリウリ語では大型刈払い機をタルプと呼ぶらしい。「いいか、あいつらがタルプを抱えて、薔薇をなぎ倒しにやってくるんだ、一本も残らずにな」

第九章　ムッシュー・ジョワイユ

コルドヴァードで二日にわたって開催されるイベントに、フランソワ・ジョワイユを巻きこめたことは、ベネデッタにとって大成功を意味した。近隣の町に住む薔薇愛好家が、大挙して参加するだろうという希望的観測は、保証されたようなものだった。しかも、一族の私有地を薔薇祭《ローゼフェスト》の会場にし、一般に開放する計画に色よい返事をしなかったベネデッタの兄弟姉妹のなかにも、彼女に味方する者が増えていた。

ピッコロミニ家の長女のアンナと夫のセルジオ・ジェルミは、ヴィラの本館に住んでいる。その本館の高貴な階《ピアノノビーレ》にある広い客間が、イベントの主賓、フランソワとカミーユのジョワイユ夫妻に提供されることになった。当日、わたしがコルドヴァードへ発つ前にベネデッタに電話をすると、「ある意味、フレスキ＝ピッコロミニ家の伝統を復活させるんだわ」と、受話器の向こうで言った。十九世紀末期から二十世紀初頭にかけて、彼女の祖父であるシジズモンド・フレスキが地所を営んでいたときには、名立たる音楽家や芸術家がヴィラに滞在し、演奏会を開いたという。

一方、そのほかの来賓や講演者は、ヴィラの敷地内に建てられた離れや住宅に、分散して宿泊することになっていた。ジョワイユ夫妻のいわば随行員に任命されたわたしは、フランスのロワール渓谷から長時間ドライブでやってくる夫妻を出迎えるべく、一足先にヴィラに到着し、待機している予定だった。ところが、ヴェネツィアをでてコルドヴァードに入るまでに、おりあしく週末の交通渋滞につかまってしまい、ようやくわたしが到着したときには、主賓は内輪のみが集まった席で夕食をとりながら、アンナとセルジオの豪壮な住まいでくつろいでいた。

わたしは部屋に鞄を置くと、行事日程を復習するために、村のピッツェリアでベネデッタと落ち合った。翌日の最初の行事は、車でアルテーニャまで移動――。そして午後には、ジョワイユによるガリックロースについての講演。その前に、ムッシュー・フレデリク・ダゲイという、もう一人のフランス人が講演することになっている。

「このムッシューは、なにについて喋るんだい?」と、わたしはベネデッタに訊いた。

「『星の王子さま』のアントワーヌ・ド・サン＝テグジュペリ。ご親類ですって。たしか、彼の大叔父さまが、サン＝テグジュペリだったはず」

「サン＝テグジュペリが薔薇を栽培してたとはね、知らなかったな」

「してないわよ」

「じゃ、またどうして？」

「それは、お話を聴いてのお楽しみ」と、いわくありげに彼女は言った。

二日におよぶイベントのハイライトは、少なくともわたしにとっては、二日目の午前中の行事だった。ベネデッタとわたしでジョワイユ夫妻をアルヴィゾポリの林に案内し、自然のなかで咲く「ローザ・モチェニーガ」を見せるのだ。

わたしたちはピッツェリアをあとにし、人気のない通りを歩いてヴィラに戻った。「薔薇たちが、見ごろでいてくれることを祈るよ」と言いながら、わたしはベネデッタにおやすみを告げた。

その後、ベッドに入って眠りにつこうとしたわたしは、謎だらけのムッシュー・ダゲイが気になりはじめた。わざわざコルドヴァードまでやってきて、『星の王子さま』に登場する、あの不機嫌な薔薇について話そうというわけでもあるまいし——。わたしは夢うつつで、いつまでも考えを巡らせていた。

翌朝、わたしは早く起きてヴィラを散歩した。庭園は、エレガントにセットした食卓のごとく、すっきり美しく整えられていた。刈られたばかりの正面の広い芝生が、朝露に濡れてきらきらと光っている。芝生の境界にはレモンの鉢が並び、本館付近から庭園の奥につづくパーゴラには、開花の遅れた藤の花房が重たそうに下がっているのが見えた。長方形に刈りこまれた生垣のまわりに咲く、赤、ピンク、そして白のシュラブやランブラーの薔薇は、まるで地面から吹きあがる噴水のようだ。

庭園の奥は、ロマンティックな公園になっている。美しい眺望と歩きやすい散策路のあるこの小さな公園は、一八〇〇年代の末期、ベネデッタの祖父のシジズモンドがみずから設計してつくりあげた。樹齢百年にもなろうかというプラタナスや西洋ヒイラギの木立と、ちらちらと光のこぼれるポプラ並木、そして橋をわたした運河もある。細い散策路では、古びた彫像にもときおり出会う。西洋ツゲで囲った塚の小路を、螺旋を描きながら頂上に登ると、望楼の日陰で暑さをしのげるようになっていた。

フレスキ＝ピッコロミニ家の兄弟や姉妹は、祖父が遺した土地をそのままの姿で保存してきた。公園の構造も変えることなく、弱ったり枯れたりした灌木や生垣の木はそのつど植えかえた。ベネデッタが自分に許した数少ない変更の一つが、皇后ジョゼフィーヌを称えるために植えた薔薇である。オールドローズの香りのピークが朝であることを知っていたわたしは、期待を胸に、広大な芝生の外れの長く蛇行した場所に足を向けた。

そこでは、ジョゼフィーヌにゆかりのある薔薇ばかりが、何十種類も育っていた。わたし

は薔薇の名前を当てながら眺め、自信のないときには名札の文字を盗み見た。最初にわかったのは、レモン色を帯びた白いチャイナローズのスタッド、〈ヒュームズ・ブラッシュ・ティーセンティッド・チャイナ〉だった。ジョゼフィーヌが、英国海軍本部のおかげで手に入れることのできた薔薇である。そのそばで、背が高く物憂げな〈ジェニー・デュヴァル〉が、紫がかったピンクの花を無数につけていた。棘の多い、桜貝色の花の「チェストナット・ローズ」（〈ロサ・ロクソブルギー *R. roxburghii*〉）〔蕾が栗のイガに似ていることから「栗薔薇」と名づけられた。和名は「十六夜薔薇」〕も、背後に見えた。外科医から植物学者になったスコットランド出身のウィリアム・ロクスバラが、十八世紀末期のカルカッタで植物園を管理していたときに、東インド会社を

とおして中国からイギリスに運んだ薔薇がこれだ。

花壇の中央では、チャイナローズの遺伝子を思い切りよく裏切ったかのような、深い赤の〈ダッチェス・オブ・ポートランド〉（ポートランド公爵夫人）が、誇らしげに咲いていた。ジョゼフィーヌは、ロンドンの育苗園から輸入したデュ・ポンからこの薔薇をもらい、マルメゾンに植えていた。ガリカ、ダマスク、チャイナをルーツとする薔薇が自然に交配して生まれたため、ヨーロッパと近東、そして東洋の特色を兼ねそなえた、いわゆるグローバル・ハイブリッドである。ナポリ南部の海岸に面したパエストゥムの、古代ギリシャの神殿があった遺跡の近くで、自然によって命を授けられた薔薇だといわれている。イギリスのポートランド公爵夫人が小さな苗木を贈られたことに関連づけられ、この名前がついた。「ポートランドローズ」の祖として、ハイブリッド・パーペチャルの、最も立派な家系をもたらした。

となりを見ると、これもまたジョゼフィーヌがデュ・ポンを介して手に入れた、ほのかに甘い香りの〈ベル・スルタン〉〔美しいスルタンの女〕も咲いていた。豪華な金色のふさふさしたおしべが、赤紫の花びらにいっそう映えている。そして、ジョゼフィーヌとは切っても切れない二つの薔薇があった。チェリーピンクで芳しい香りの〈エンプレス・ジョゼフィーヌ〉と、ほんのりピンクがかった白のブルボン系、〈スヴニール・ド・ラ・マルメゾン〉である。後者は、ジョゼフィーヌの時代からかなりあとの、一八四三年に披露された。あるロシア大公が名づけ親だといわれているが、定かではないようだ。わたしとしては、一八一四年にアレクサンドル一世がマルメゾン城を訪れ、その想い出を記念して命名した、という説を信じたい。

　いささか難問ではあったものの、深紅の〈タスカニー・スパーブ〉〔トスカーナの素晴らしさ〕、ピンクの〈アガート・インカルナータ〉〔アガートの化身〕、そして、ロゼット咲きのピンクの小花が房になった〈ポンポン・ド・ブルゴーニュ〉〔ブルゴーニュの玉房〕の、三つのガリカローズもなんとかわかった。花壇の縁まで行きついたわたしは、お馴染みの銀色がかったピンクの花をいくつもつけた、周囲よりずっと小ぶりのシュラブローズにはじめて気づいた。大きさからいっても、植えられた場所の土の新しさを見ても、新しく加わった薔薇であることは歴然としている。よその家の庭に咲く「ローザ・モチェニーガ」を見て、期せずして動揺してしまったわたしは、ひょっとしたら〈オールド・ブラッシュ〉と勘ちがいしたのだろうかと思い、しゃがみこんで香りを嗅ごうとした。しかし、膝を折るよりも早く、ラズベリーに似た強い香りが、わたしの鼻先をとらえていた。アルヴィゾポリの番人ベニートは、わたしが思っていた以上に気前のいい男だった！

　前夜、気になって仕方がなかった『星の王子さま』は、まだわたしの頭から離れずにいた。本のなかのある場面が蘇っていたからだ。金髪の巻き毛の少年は、砂漠を横断し、薔薇の咲いている庭に到着する。ところがそこで咲いている薔薇が、小惑星にある自分の家で咲いている薔薇とおなじ種類だと気づき、強いショックを受けるのだ。瞬時に失望の色を見せた少年の顔が、わたしのまぶたに浮かんだ。自分の愛する薔薇が世界でただ一つの薔薇ではないことが、少年にもわかったのである。

朝食を済ませたジョワイユ夫妻が、ヴィラ本館の壮麗な階段を下りて、玄関ホールにあらわれた。わたしは、アルテーニャに同行すべく待機していた。あいさつをしそこなった前日のような失敗は、二度と繰り返さなかった。ムッシュー・ジョワイユには、イタリアにやってきた同胞の著名人たちが見せがちな、傲慢なところが微塵もなかった。それどころか、親しみやすささえ感じさせていた。彼の風貌はというと、背丈は十人並みながら、がっしりした肩をもち、銀髪をうしろに撫でつけて、スティール製フレームの眼鏡をかけていた。その眼鏡のせいなのか、眼差しが鋭く見える。一方、マダム・ジョワイユがヴェトナム系のフランス人だという話は、すでにわたしの耳に入っていた。生まれもった気品が、人だかりのなかで彼女を際立たせていた。

わたしたちは二台の自動車に分乗し、アルテーニャへ移動した。期待に反し、通訳という身分では、ジョワイユ夫妻の乗る先頭の車に、わたしの席はなかった。わたしとジャーナリストのピア・ペラは、後続の車に乗った。彼女は、イタリアで人気のある園芸雑誌『ガルデニア』に寄稿する記事の取材が目的だ。その朝、おたがいに自己紹介したとき、彼女の名前に聞き覚えがあるような気がした。わたしがそれをはっきり思いだしたのは、アルテーニャへ向かう車中だった。十年前、ナボコフの『ロリータ』を再解釈したペラ女史は、巧みな想像力で『ローの日記（*Lo's Diary*）』という小説を書いた。ところが、ニューヨークの文壇ではちょっとした騒ぎになった。ナボコフの息子のディミトリが、それを「文学の吸血鬼的行為」と非難し、著作権を侵害したとして彼女を告訴したのだ。本を出版する予定になっていたファラー・ストラウス&ジルー社が刊行をとりやめ、両者は和解した。結局、ペラ女史の『ローの日記』は、あまり知られていない出版社から刊行されることにはなったのだが、奇妙な妥協案が成立していた。ディミトリ・ナボコフが猛烈に攻撃した小説を読もうとする者が、まず最初に読みはじめるまえがきを、なんと彼が執筆することで、折り合いがつけられたのである！

思いのままにつづった小説のねじれたエンディングという、苦く辛いその体験は、ペラ女史からやる気を削ぐことになった。彼女は小説を書くことをやめ、故郷のミラノを離れて地方都市のルッカに移り住むと、園芸雑誌のライターになるべく自己改造した。

わたしたちは沈黙したまま、車窓に飛び去るフリウリのワイン生産地を、しばし眺めていた。「ナボコフだったのよ」と、ペラ女史がとつとして言った。「自然の魅力を味わうことを、わたしに教えてくれたのは……」

わたしたちの乗った車がエレオノーラの家の脇に停車したとき、彼女は門のところでそわそわしながら立っていた。水色のドレスを着たエレオノーラのお馴染みのフクシア色の唇が、天頂に昇りつつある陽の光を反射している。その数歩うしろに、ネクタイを結び、ダークスーツを着こんだヴァレンティノが立っていた。いつから二人はそこで待ちつづけていたのだろう？　わたしが会話の口火を切り、エレオノーラがムッシュー・ジョワイユとの対面を果たしたとき、彼女の感情の高揚がわかった。わたしが彼女の頬にキスをすると、声をひそめて言った。「一睡もできなかったの」

二、三週間前、すべてがうまく行っていることを確認するために、わたしはエレオノーラを訪ねていた。わけてもその冬は寒さが厳しかったため、庭という庭が打撃を受けていたからだ。「もう、予定がすっかり遅れてるのよ」と、彼女は苛立っていた。「剪定するまでの時間がもっと必要だったのに、あんなに寒かったのが今度はいっぺんに暖かくなったもんだから、いつもよりも早く蕾をつけてしまって――こんなこと、はじめて。ムッシュー・ジョワイユがいらっしゃるときにベストな状態でお見せしたいけど、それまでに間に合うかどうか、ああ心配……」

ヴァレンティノは妻を失望させまいと、いつも以上に庭の手入れに時間をかけていたようだ。その痕跡がそこここで見受けられ、庭はどこもかしこもきれいに整えられていた。とはいえ、薔薇が満開になるには、やはりもう少し時間が必要だった。

「あともう数日あれば、いちばん素敵な庭をお見せできるのに」

エレオノーラが口惜しそうに言った。

「ムッシュー・ジョワイユにはそれがわかるさ」と、わたしは答えた。

ジョワイユ夫妻を案内する庭めぐりは、ヴァレンティノが結婚記念に贈った最初の三十本の園芸品種に沿って、いつもどおりの道順ではじまった。

エレオノーラは、優に百回は口にしてきた、ローズガーデンづくりのきっかけを披露した。すると、まるで映画撮影のキューがでたかのように、ヴァレンティノがもったいぶったくちぶりで、例の科白を言った。「ネックレスでも一つ、買ってやるべきでしたよ」

「ノン、ノン、ノン、ネックレスは一つではなく、少なくとも三十個ですかな」とムッシュー・ジョワイユが場を盛りあげた。陽がさんさんと降り注ぐ快適な陽気のなかで、その場に居合わせた人びとのあいだに、心やすさと親睦の情が広がっていった。

最初の区画に到着すると、素朴でシンプルな庭が、幻想的な魅力を放ちはじめていた。

「正気の沙汰じゃない《セ・フゥ》……」

ムッシュー・ジョワイユは妻のほうを振り返って言った。

「まあ、じつに素晴らしいお庭をおもちだわ」

「偽りなく、みごとですな」

「ほら、土をごらんになって……土の質がまた……とってもいいの」

数歩離れて先頭に立つエレオノーラに、わたしは会話の断片をできるかぎり拾い、訳して伝えた。

ムッシュー・ジョワイユは、「ウイ……ウイ……ウイ」と繰り返しながら、薔薇が育っている場所が適切で好ましい状態かどうかをいちいち確認するように、ていねいに見ながら歩を進めた。彼は「ウイ」と納得するたびに息を吸うため、「ウイー……ウイー」と言っているように聞こえた。

わたしたちが二番目の区画を囲むようにして立っているとき、マダム・ジョワイユはわたしのほうを向き、この庭の薔薇にはなぜ名札がついていないのかと訊いた。

「エレオノーラは、すべて頭のなかに入っていると言っています」と、わたしは答えた。

少し間をおき、マダム・ジョワイユは言った。

「彼女の頭も、ほかの人の頭とおなじように見えますけどねえ……。人の頭は、水を張った風呂桶《おけ》とおなじです。水が流れでてしまえば、単なる空の桶でしかないのです」

わたしはマダム・ジョワイユを、馬鈴薯の花が満開になっている三番目の区画に案内した。夫君のほうは、端から端まで馬鈴薯の花がおおった白い絨毯《じゅうたん》を、じっと見つめていた。それからジョワイユは、ヴァレンティノのいるほうを向いて叫んだ。

「……この男には、なんてきつい仕事が課せられているんだ《ル・トラヴァイユ・ケ・セ・トム・ドワ・フェル》！」

沸きあがる噴水のようなシュラブローズや、滝や花綱のごとく咲きこぼれる真紅のガリカ系や淡い色のダマスク系、そして純白のアルバ系の薔薇の横をとおって、わたしたちは散策をつづけた。ムッシュー・ジョワイユはどの薔薇にも足をとめ、「なるほど《ウィー》……なるほど《ウィー》……」とうなった。庭の最深部まで来た一団は、エレオノーラの「孤児院」の入口に立つ〈ディ・モワ・キ・ジュ・スイ〉を見て、顔を見合った。「おお！　アン・オルフェリナ！」。わたしが説明するタイミングをつかむよりも早く、ムッシュー・ジョワイユは「孤児院《オルフェリナ》」のなかへ足を踏みだしながら、そう叫んだ。「なるほど《ウィー》……なるほど《ウィー》……」

「孤児院」では、ほかの場所よりも比較的速いペースで見てまわったとはいえ、小一時間が費やされていた。昼餐の予定時刻に間に合うよう、急いでコルドヴァードへ戻る必要があった。ところが、わたしたちが空き地にでると、エレオノーラとヴァレンティノが用意したテーブルに、プロシュット〔生ハム〕やモルタデッラ〔ボローニャソーセージ〕、それに特産のチーズやビスケット、ケーキなどがトレーに盛られ、赤と白のワインにプロセッコも置かれていた。ジョワイユは目に入ったガーデンチェアに体を沈めた。「なんと妙妙たる庭なのだ《セ・タン・ジャルダン・マニフィーク》！」。そして、乾杯の音頭をとった。わたしたちはエレオノーラとヴァレンティノに向かって、グラスを高くもちあげた。その場は、わたしが通訳するまでもない。エレオノーラの顔から、フクシア色の晴れやかな笑みがこぼれた。彼女はそのあと、なにしたらいいのかわからないといったようすでプロセッコを飲み干し、プロシュットを盛ったトレーをふたたびまわしはじめた。

　帰路につくとき、わたしは失敬千万にも先頭の車に乗りこんだ。コルドヴァードへ戻る道中、噂に名高いガリカローズの蒐集について、ジョワイユが話をすると思ったからだ。それに、彼に訊ねたいことが二、三あった。〈ロサ・ガリカ〉は典型的なヨーロッパの薔薇だが、起源から歴史をたどることのできるのはこの薔薇だけである。ガリカローズは、かつては三千種類も存在した。それが、歳月とともに大半が姿を消し、現在はほんの三百種類しか残っていない。ジョワイユはそのすべてを育てている。ロワール地方のコメで彼が蒐集する薔薇は、「モニュマン・ド・フランス」、つまりフランスの国家遺産なのだ。ガリカローズは年に一度しか花をつけないため、ヨーロッパの薔薇の四季咲き性が実現したのは、チャイナローズの遺伝子によるものだった。しかしわたしは、ジョワイユがいかにガリカローズを似非者にせずにいられるのか、不思議に思っていた。多くの種類の薔薇が栽培されている彼の庭で、貴重なガリカローズがほかの薔薇と自然に交雑しても、なんの不思議もないからである。

わたしはジョワイユに訊ねた。

「ガリカの一つが、突然、返り咲きをはじめたら、どうなさるんですか?」

彼はびくりともせずにと答えた。

「簡単《セ・サンプル》ですよ、むしりとります《ジャラーシュ》」


コルドヴァードへ戻り、ピッコロミニ家の食堂で昼餐の大テーブルを囲んだとき、わたしは、平均的な背丈でいかつい肩をした、例のフランス人のとなりの椅子に座った。胡麻塩の短いあご髭をたくわえたムッシュー・ダゲイは、サン゠テグジュペリを大叔父にもち(サン゠テグジュペリの母親のマリー・ド・フォンコロンブが、ダゲイの曾祖母にあたる)、一族専任の歴史研究家を自任していた。

「サン゠テグジュペリは、生まれつきの園芸家でした。つねに園芸家を自称していたんです」

彼はわたしにそう言った。

しかし、サン゠テグジュペリがガーデニングをしている姿は、どうもわたしには想像しがたい。わたしにとってのサン゠テグジュペリは、『星の王子さま』を書く前に、『夜間飛行』、『人間の土地』、そして『南方郵便機』という優れた三作品で航空飛行体験を描写した、あくまで先駆的な飛行士だ。第二次世界大戦が勃発すると、彼は四十歳をすぎていたにもかかわらず、志願してフランス空軍に入隊した。それでわたしの脳裏には、一九四四年のサルディニア島のアルゲーロ基地で、雑誌『ライフ』のためにジョン・フィリップスが撮影したサン＝テグジュペリが、かならず去来する。パイロットにしては太り気味で、決して若くはない、ぎょろりとした目つきの彼が、メカニックの助けを借りながら飛行服に体を押しこんでいた。

ダゲイは、自分を園芸家だと見ていたサン＝テグジュペリの浪漫的な夢想は、彼がサンモーリス・ド・レマンで家族とともに楽しい幼少期をすごした屋敷への、愛着に起因していると話した。一九三一年、もはやその屋敷を維持できなくなると、母親が売ってしまった。「屋敷を救う力が彼にはなかったので、ただただ、悲しみに打ちひしがれていました」

一九四四年、あと一か月もすれば「パリ解放」というとき、グルノーブル上空を偵察するために「稲妻P38」に乗りこんだサン＝テグジュペリは、あえなく、マルセイユの沖合に沈んだ。「彼は戦闘機を飛ばすには年をとりすぎていたのでしょう。遅かれ早かれ、ドイツ軍に撃ち落とされることは、彼にもわかっていました」と、ダゲイは持論を述べた。

一九四三年に『星の王子さま』は登場した。戦争終結後には、世界中でベストセラーとなった。金髪の巻き毛の少年が住む小惑星の家、「アステロイドB612」で育つ四つの棘をもつ薔薇は、何百万もの読者のあいだですっかりお馴染みになった。蠱惑《こわく》的なその薔薇が、めそめそしながら寒さを訴えたため、星の王子さまは鐘型のガラスのカバーをかぶせた。薔薇は、身勝手なりにも情が深く、小惑星をめぐる旅にでる少年が自分から去ってゆくとき、いいようのない切なさを感じていた。

　読者はみな、その薔薇がいったいだれのことなのだろうと考えた。

　サン＝テグジュペリの妻となったコンスエロ・スンシン・ド・サンドヴァルは、サルヴァドル生まれの気性の激しい女性として知られている。一九三〇年代初期のブエノスアイレスで、サン＝テグジュペリがアエロポスタ・アルヘンティーナの航空郵便路線をまかされていたとき、二人は出逢った。その後、サン＝テグジュペリの未亡人となった彼女は、こう確信するのだ。「その薔薇《ラ・ローズ》は、わたし《セ・モワ》！」。コンスエロはそれを証明すべく、『薔薇の回想（*Les Mémoires de la Rose*）』という自伝まで書いた。

　しかし、ダゲイはわたしに断言した。

「薔薇はコンスエロじゃなかったんです。彼女は悲劇のヒロイン気どりでした。二人の結婚はとっくに終わっていましたが、戦争の英雄の未亡人という役柄を、彼女は演じたかったのです」

「なら、いったいだれが薔薇だったんですか？」

　ダゲイによると、コンスエロを嫌っている人たちは、ルイーズ・ド・ヴィルモランこそがその薔薇だと主張したという。二〇年代と三〇年代の文学界で運命の女《ファムファタール》として名を馳せていた彼女に、サン＝テグジュペリは熱烈な恋をした。二人は一九二三年に婚約したものの、彼が危険な飛行をやめなかったため、未亡人となって人生を送ることを懸念した彼女が、結婚をとりやめた。

しかしダゲイは、薔薇はそのルイーズ・ド・ヴィルモランでもないと信じていた。

「じゃ、だれなんです？」

わたしは迫った。

「その薔薇《ラ・ローズ》は、彼の母親です《セテ・サ・ママン》」と、彼が答えた。

サン＝テグジュペリの気丈な母、マリー・ド・フォンコロンブが薔薇だと最初に言ったのは、精神分析家として教育を受けたドイツ人神学者のオイゲン・ドレヴァーマンだった。彼は、一九九〇年代に著した『心のなかの王子の発見：「星の王子さま」におけるヒーリングの心理（*Discovering the Royal Child Within: A Spiritual Psychology of The Little Prince*）』のなかで、それを示唆している。ダゲイはこう説明した。

「わたしはその本を読んで、薔薇は母親のことだったんだと、思わず膝をたたいたんです。サン＝テグジュペリの母親は教養があって、芯の強い洗練された女性でしたからね。彼の芸術的な資質は、母親から受け継がれています。父親のほうは、彼が四歳のときに亡くなりましたが、デカダンで超保守的な貴族の家系でした。田舎の屋敷を売ったあと、サン＝テグジュペリには家と呼べるものがなくなってしまったのです。絶えず住む場所が変わり、愛着のある玩具を詰めたスーツケース以外、なに一つ過去とのつながりをもてなかったんです。しかし彼は、心から母親を慕っていました。母親自身がよくそう言っていたように、いつも彼女のもとへ帰っていきました。それに、サンテックス〔読者が呼ぶサン＝テグジュペリの愛称〕は女性を追いかけるのが好きでした。ドンファンが母親を求めるというのは、よくある話ですからね」

そう言ってダゲイは、食事の終わった席を立ち、大勢の薔薇愛好家が待ち受ける会場へと向かった。

翌日の朝、ジョワイユ夫妻、ベネデッタ、ピア・ペラ（イベントのレポーター）、そしてわたしのごく少人数のグループは、アルヴィゾポリへ出発するために、クワの老木の陰にある噴水の前で集合した。すると、洒落たツイードのスーツを着たムッシュー・ダゲイも、ひょっこり姿を見せた。「ボンジュール！」。前日、サン＝テグジュペリの薔薇にまつわる講演で好評を博し、いまだその余韻に浸っているかのような、明るい声のあいさつだった。

「ごめんなさいフレデリク。今回は、ジョワイユ夫妻だけなのよ」とベネデッタが彼に告げ、慌ただしく車に乗りこんだ。「急いで！　首長さまが待っていらっしゃるわ」

ヴィラを離れる車のバックミラーが、クワの木陰にいるムッシュー・ダゲイの不機嫌そうな顔を、ほんの一瞬とらえた。

十五分ほどでアルヴィゾポリに到着すると、公園の入り口のあたりで小さな集団がひしめいていた。地元自治体のパオロ・アナスタジア首長は、彼の部下、カメラマン、レポーター、そして何者なのかよくわからないとり巻きと一緒に、すでに到着していた。アルヴィゾポリの林で野生化したピンクの薔薇の謎について、ムッシュー・ジョワイユがいったいどんな所見を述べるのか、だれもが知りたくて仕方がないようだ。

「ムッシュー・ダゲイも、お連れするべきだったわね」

ベネデッタは、後悔の念をにじませながら言った。

番人ベニートは、見るからに気を動転させ、あたりを右往左往していた。彼はわたしを脇に連れだすと、「こんなに大勢の見物人を、いったいだれが呼んだんだい？　ごく私的な訪問だと思ってたよ」と、耳元でささやいた。敷地の管理人と「ローザ・モチェニーガ」の守衛役をみずから買ってでたベニートは、林の保護に関してほとんどなにもしてこなかった地元当局から、充分な敬意をあらわしてもらっていないと、日ごろから不満を覚えていた。それでも内心、この大騒ぎを歓迎していることは、すぐに見てとれた。

気持ちよく晴れあがり、冷やりとした山の空気を感じさせるような涼風が、ドロミーティ山脈の方角から吹いていた。林につづく散策路は倒木などがきれいに片づけられ、公園は見映えが好かった。葉のあいだから黄金色の木漏れ陽が射し、清らかな水が細い運河に流れていた。西洋ツゲの垣根から、シジュウカラのさえずりが聞こえた。雛鶏たちが水しぶきをあげている池の水面《みなも》がきらきらと輝き、ミソサザイやゴシキヒワが水のなかに急降下しては、ふたたび高く舞いあがった。

　ベニートは、小路に沿って間延びした長い列の先頭に立ち、よたよたと歩いた。彼はせっかちに全員を急がせた。「進んで《アンディアーモ》、進んで《アンディアーモ》」。親分気どりで市長を急き立てるベニートの声が聞こえた。しばらくするとわたしたちは、最初の空き地にでた。「ほら、ここです!」。いい香りのするピンクの花がおおった茂みを指さし、ベニートが唐突に、けれど誇らしげに言った。周囲にも、そして林の奥深くにも、その薔薇は咲いていた。瑞々しいピンクの薔薇は、わたしたち侵入者の一団に不意を突かれた野生の生き物のごとく、どこを見まわしても、当惑したようにこちらを見つめ返している――。

　ジョワイユは、観察眼の照準を最も近い薔薇に合わせると、葉をこすり、親指と人差し指でヒップを転がし、かがみこんでラズベリーに似た花の香りを嗅いだ。「なるほど《ウィー》……なるほど《ウィー》……」。彼の背後に立っていたマダム・ジョワイユが、「まあ、きれいな薔薇ね《オーラ・ジョリ・ローズ》」と言った。ジョワイユのまわりに集まっていた小さな群衆は、彼の口からどんな言葉が飛びだすのかと、固唾を呑んで見守っていた。ジョワイユは、その薔薇を見たのははじめてだが、既知の品種が野生化するうちに突然変異を起こしたというには、特徴があまりに異なるため、そうではないことは相当たしかだ、と述べた。

おそらく、ルチアがパリに滞在していた二百年前のフランスでは、よく知られていた可能性はあるものの、とうの昔に姿を消してしまった薔薇のようだ。ジョワイユはちょっとしたスピーチを終えると、アナスタジア首長のほうを向き、フランス流の堂々たる物腰で言った。「この薔薇は、《セット・ローゼ・》歴史的記念物ですぞ《タン・モニュマン・イストリーク》!」。しかるべき態度で感動したシニョール・アナスタジアは、側近のほうを向いてその言葉を繰り返した。

わたしは林から戻る道で、ジョワイユと肩を並べて歩いた。彼は思い切ったような面持ちで、あの薔薇はルチアがパリからもち帰ったほとんどの花や苗木と同様、おそらくムッシュー・ノワゼットの育苗園で買ったものだろう、と言った。

「ということは、あの薔薇は、たぶんノワゼットの目録にのっていたはずです」

わたしは私見を述べた。

彼は答えた。

「ああ、おそらく。だがノワゼットは、薔薇の目録にはそれぞれの特徴を書き添えなかったのです。どの名前があの薔薇だと、どうやって判断できますかな?」

その目録が保管されているパリ植物園へ足を運ぶつもりになっているわたしを、ジョワイユは止めようとさえした。しかし、パリまでの格安航空の飛行機代が、いったいどれほどの負担になるというのだ？

翌日の朝、わたしは、コルドヴァードからヴェネツィアに向けて発つ前にキオスクに寄り、地元紙の『イル・ポポロ・ディ・ポルデノーネ』を買った。アルヴィゾポリの林での一件が、シモネッタ・ヴェンチュリンによってレポートされ、記事には写真も添えられていた。カメラの前に立つだれもが、逆光の眩しさで目を細めていた。写真の端で写っているベニートだけが、わたしたちのほうを見ながら横向きに立っていた。まるで、監督役を誇示するキャンプ指導員のように。

第十章　ウンブリアの中国庭園

歴史的記念物だ、と言い切ったジョワイユの見解を根拠に、わたしはＩＣＲＡ（国際栽培品種登録機関）に連絡をとり、その薔薇を「ローザ・モチェニーガ」として公式に登録できるかどうか、打診することにした。ＡＲＳ〔米国薔薇会〕がＩＣＲＡを運営していると聞かされたわたしは、自分の把握する話を、ＡＲＳで共同議長をしているマリリー・ウィリアムズ女史にあますことなく書いて送った。

そして、わたしが受けとった返事は、まったく勇気づけられる内容ではない。

親愛なるアンドレア

まことに残念ですが、あなたの薔薇は、わたくしどもが「既発見薔薇」と呼ぶカテゴリーに属しますので、この薔薇の公式登録については許可しかねます。［なぜなら］あなたがその薔薇の品種を特定できずにいらしたとしても（省略）、それを記録した文書が存在する可能性があるからです。

そういった記録がありそうな場所といえば、パリ植物園の図書室に保管されている、ノワゼットの育苗園目録以外にない――。そんな考えが、ふたたびわたしの頭をよぎった。ジョワイユがあれほど懐疑的だったにもかかわらず、わたしは、稀覯《きこう》本および貴重手稿部に閲覧の予約をとり、パリに飛んだ。

ルイ十四世の大臣につき、影響力をもっていたジャン＝バティスト・コルベールの創案で、パリ植物園は設立された。彼は、自然史研究にフランス流の豪壮さ《グランドール》を用いて、王立薬草園を科学的調査のための巨大施設に変身させた。今日、わたしたちが見学できる展示場や温室の大半は、十九世紀になって建てられたものだが、施設の全体的な配置は、ルチアが植物学の学位を取得した二百年前と、さして変わってはいない。

図書室への入り口は、ジョフロワ・サンティレール通り側にあった。通りの名前は、一八一三年の夏にルチアが四肢動物の講義を受けた「フランス動物学の父」、イジドール・ジョフロワ・サン＝ティレールにちなんでいる。わたしが図書室に入ると、気の利く司書によって用意された目録が、細長い読書机の上にすでに置かれていた。一八二五年版の、『ルイ・

ノワゼットの庭園および育苗園における薔薇、ダリア、椿、菊、牡丹の目録（*Le Catalogue des rosiers, dahlia, camellia, chrysanthèmes et paeonia cultivés dans les jardins et pépinières de Louis Noisette*）』である。傷みが目立つその目録には、ノワゼットが育苗園で栽培していたすべての薔薇の、千を超える名前が掲載されている。そのうち六十四品種が、中国原産のハイブリッドだった。わたしはリストにざっと目をとおした。見分けがついたのは、きわめて大衆的な〈ムタビリス〉（世界中の環状交差点の、中心の円い植えこみで咲いているのがこれだ）と、きわめて珍しい〈テルノー〉の、わずか二種類のみだった。あとは、すべてわたしの知らない薔薇だったが、絶滅したのかもしれない。ジョワイユは正しかった。ノワゼットは、特徴に関する記述をただの一語も加えなかった。「ローザ・モチェニーガ」を断定するなど、所詮、できない話なのだ。薔薇の名前だけがずらりと並んだリストは、わたしの想像力を掻き立てはするものの、やはり文字の羅列にすぎない。異国情緒があふれる響きの〈アゼリ〉は、どんな姿をしていたのだろう？　〈ゼノビ〉はどれほど甘い芳香を漂わせたのか？　天界の火を盗んだ神の名前がつけられた〈プロムテーウス〉の花びらの色は？　六十四品種のうちの六十二品種が、わたしには未知の薔薇だった。リストに記された薔薇の純然たる数の多さに、わたしはげんなりした。しかもそれは、中国原産のハイブリッドにかぎってのことだった。わたしたちが失った薔薇は、全部で数千品種を数えるのだ。

わたしの「ローザ・モチェニーガ」やエレオノーラのみなしごの薔薇のように、ノワゼットのリストに収められた園芸品種のいずれかが、世界の片隅で花を咲かせていることもあると信じ、わたしは自分を慰めた。そして、心優しい薔薇愛好家によって発見される日を、心から願った。とはいえ、まさにわたしが直面している困難と、長年特定を試みてきたエレオノーラの不結果を考えれば、再発見された薔薇を特定してふたたび過去をとり戻させることが、いかに望み薄かがわかる。薔薇が待ち受ける未来を予見していたノワゼットは、彼の目録を読む者に対して、「軽視の一瞬が、一本の薔薇を手に入れるときと同様の容易さで、その一本を失うことになる」と警告していた。

図書室をあとにし、わたしはパリ植物園の庭を歩いた。三月の終わりの、冬に逆戻りしたかのように寒い日だったが、パリジャンたちは戸外で昼休みを愉しみ、散策路に沿ってジョギングをしている者もいた。一つの薔薇のためにはるばるパリにまでやってきて、なんの手がかりもつかめなかったことに拍子抜けし、わたしは自分を愚かに感じながら、中央の園路をセーヌ川方面に向かって歩いた。

翌日、ふと思いついたわたしは、ダンフェール・ロシュロー行きのメトロに乗った。ナポレオンとジョゼフィーヌの時代にノワゼットが有名な育苗園を開いていた場所を、自分の目でたしかめてみたかったのだ。ルチアはその住所を、通りの名前ばかりか番地まで詳しく日記に記している。わたしは、彼女の日記から「フォーブール・サンジャック通り57番地」と書き写した古いノートを、パリ行きの飛行機のなかで読み返していた。とりあえずグーグルを使って検索してみると、通りはいまだ存在し、さらに驚いたことに、ほとんどの番地が当時のままだった。

灰色の雲が重く垂れこめた寒い朝、わたしはダンフェール・ロシュロー広場からアラゴ大通りを経由して、フォーブール・サンジャック通りへと急いだ。たどりついた通りの右側の、最初に見えた建物の大きなドアが、「N57」だった。一八四〇年、老境に入って仕事をつづけられなくなったノワゼットが、ムッシュー・ラヴィルに所有地を売却すると、育苗園のあった場所には学校が建てられた。その九年後、「クリュニーの聖ジョゼフ修道女会」を創立したジャヴエイ女子修道院長が、そこを買いとった。以来、信徒団本部となり、かつてノワゼットが薔薇を栽培していたところに、修道女たちが菜園をつくっている。

「N57」番地の反対側は小高い丘になっているが、パリ天文台はその丘の上にある。ルチアは、サンジェルマン・デプレの家からフォーブール・サンジャック通り「N57」番地のノワゼットの育苗園まで、パリ天文台を目印に一頭立て二輪馬車を走らせた。パリ植物園同様、ルイ十四世時代に建設されたこの天文台は、世界最古の天文台だともいわれている。聖ジョゼフ修道女会の敷地内の見学を試みたものの、警戒心の強い修道女たちに拒まれてしまったわたしは、やむなく、天文台の勾配につくられた小さな公園へ行き、見晴らしの利く場所から庭をのぞき見ることにした。ところが、天文台とクリュニーの聖ジョゼフ修道女会の敷地のあいだで、新古典主義様式の宮殿が展望の邪魔をしていた。パリジャンが「プティオテル」と呼ぶ類の、並外れて大きな建物は、あたかもカタパルト〔投石器〕を使って空中に発射されたかのように、「パリ十六区」を走るエレガントな通りから浮きあがっていた。

ある意味、それは実際に起こったことである。ル・ブルジエの設計によるその宮殿は一七七七年に完成したが、もともとはセーヌ川右岸のシャンゼリゼ大通りにあった。第一統領となったナポレオンが宮殿を買い、その数年後の帝政時代には、イタリア王国の建国にともなってパリ駐在大使に就任した、マレスカルキ伯爵に貸していた。この新しい住人は、ルチアの日記を読むうちに、わたしにはお馴染みの人物となった。美食で名を馳せたマレスカルキは、贅を尽くした接待でパリジャンたちを圧倒した。ルチアも常連客の一人として、伯爵の宮殿にかよった。「晩はマレスカルキ邸ですごしました」や、「マレスカルキの屋敷で夜どおし踊りました」と、彼女は日記につづっている。彼とは、「M宅で日曜の夕食」と書くほど親密だったようで、そういった集まりはひんぱんに催されていたようだ。

ナポレオンの失脚後、宮殿の所有者は幾度も変わった。一九二九年、ギャラリー・ラファイエット百貨店を経営するテオフィル・バデルが宮殿を買い、とり壊して商業施設にするつもりでいた。しかし、パリのランドマークとなっていたその建造物を壊すことができず、バデルはパリ市にある協定をもちかけるのだ。宮殿を完全な形で解体し、天文台のとなりの土地に、煉瓦一つにいたるまで忠実に再建するとしたバデルの条件に、市当局が合意する。またその協定には、宮殿が移転した先で、一八三八年にオノレ・ド・バルザックが創立したフランス文芸家協会に、活動の場所を提供することも明記されていた。

ルチアがかよいつめた建物によって視線の先をさえぎられたことに、わたしは気を好くした。宮殿に行ってみると、一階のかつての舞踏室では、著作権法をテーマに、かなり退屈そうな講演がはじまるところだった。わたしは招待客のふりをして、表玄関からそろそろと足を踏み入れた。うまく潜りこみはしたものの、わたしはいかにも、気もそぞろな聴講者に見えていたにちがいない。単調なリズムで喋りつづける講演者に耳を傾けながら、その部屋に音楽が流れて、人びとが軽やかな身のこなしでダンスに興じる時代に、いつまでも思いを馳せた。「M」の肩に手を置いたルチアが、衣擦れの音をさせながらくるくるとまわっている――。帝国がまさに崩壊しようというときですら、この二人のイタリア人は、シャンゼリゼで贅沢な暮らしを満喫していた。

ヴェネツィアに戻ったわたしは、ARSのウィリアム女史に手紙を書き、パリで収穫がなかったことを打ち明けた。すると、ヴラディミール・ヴレメッチに連絡をとって、もう一度挑戦してみたらどうか、という返信が届いた。トリエステ在住の薔薇のエキスパートである彼に、ウィリアム女史は個人的にも信頼を置いているという。

スロヴェニア人のヴレメッチは、薔薇蒐集家のあいだではよく知られた人物である。トリエステの古い精神病院の敷地に素晴らしいローズガーデンをつくると、一躍有名になった。わたしはさっそく、ヴレメッチに連絡をとってみた。しかし彼は、何年か前にエレオノーラの庭で「ほんのちらり」と「ローザ・モチェニーガ」を見ただけで、品種の特定まではできない、と答えた。そして、最後にこう言った。「ただし、あなたの力になれそうな人を知っています。彼女が集めたみごとなチャイナローズが、ウンブリアの庭で咲き誇っていますよ」

わたしは、結果的にこの旅の最終区間となる道を、急いでたどることになった。

ヘルガ・ブリシェは、ブドウとオリーブの畑が広がる丘陵地の頂上に、ぽつんと建てられた古い田舎家に、夫のアンドレと二人で住んでいる。わたしが、古都ペルージャのサンテレンツィアーノ近郊にあるその家を訪ねたのは、四月下旬の、ときおり雨の降る暗い日だった。薔薇を愛でるには、まったく好い日和ではなかった。

ミセス・ブリシェは、一仕事終えた春のガーデナーとでもいうような、心地好く乱れた服装でわたしを出迎えると、「ついていらっしゃい、庭に行きましょう」と言った。「急がないと、また雨が降ってきそうですからね。前置きはあとまわし」

彼女のあとをついて家の裏側の緩やかな坂を下り、梨の木を包むように植えられた〈ロサ・ギガンティア〉のところまで歩いた。青い葉と白い花におおわれたその薔薇は、手足のように枝を伸ばして、四本の丈夫な竹竿《ざお》にもたれかかっていた。花は、幅の広い花弁を五枚つけ、丸くふくらんだローズヒップは、野生のリンゴを彷彿させる。グレアム・スチュアート・トーマスは、この〈ロサ・ギガンティア〉を「エンプレス・オブ・ワイルドローズ」と呼んだ。中国を原産とする薔薇の重要な種の一つで、立派な子や孫を数多く遺してきた。ティー、ノワゼット、ブルボンの系統に属する薔薇たちは、どれも〈ロサ・ギガンティア〉が親だと主張している。

この薔薇がヨーロッパの地を踏んだのは、十九世紀も終盤のことである。妙な話だが、〈ヒュームズ・ブラッシュ・ティーセンティッド・チャイナ〉と〈パークス・イエロー・ティーセンティッド・チャイナ〉を含む四つのスタッドチャイナから生まれた高名な子孫が、ひっそりしていたオールドローズ界に革命を起こしてから、ずいぶんたったあとなのだ。インドで監査官をしていたジョージ・ワット卿が、一八八二年にマニプル州を視察しているときに

〈ロサ・ギガンティア〉を発見し、この薔薇の存在をはじめて記録した。しかし、公式に記録されたのは六年後の一八八八年である。植物学者にしてイギリス東インド会社の役員でもあったヘンリー・コレット卿が、ビルマ北部のシャン丘陵に広がる原野を横断中に、木蓮《もくれん》ほどもある大輪の白い花が、花綱のように連なって咲いているのを目撃した。キューの植物園へその花の標本を送り、ようやく公式に記録された。

ヨーロッパではじめて〈ロサ・ギガンティア〉の花が咲いたのは、一八九六年のリスボン植物園だった。当時、植物園を管理していた有能なフランス人植物学者のアンリ・カイユは、その〈ロサ・ギガンディア〉とハイブリッド・ティーとの交配を繰り返し、目覚ましい成果をあげていた。一八九八年、ついにその一つが花をつけると、彼は〈エトワール・ド・ポルチュガル〉〔ポルトガルの星〕と命名する。ミセス・ブリシェの庭では、〈ロサ・ギガンティア〉のそばに植えられたその薔薇が、サーモンピンクの華麗な花をふんだんにつけていた。ほんの数歩先には、一九〇三年にカイユが作出し、彼の代名詞となった〈ベル・ポルチュゲーズ〉が、淡いピンクの花と官能的でほっそりした蕾をつけ、憂いのある姿で立っていた。わたしが薔薇にみとれていると、ミセス・ブリシェがわたしを肘で軽く突つき、〈ロサ・ギガンティア〉から生まれたほかのハイブリッドを見るために、早く勾配を下るよう合図した。

まず、オレンジがかった黄色の花弁と細長い葉の〈アンバー・クラウド〉〔琥珀色の雲〕が、わたしの目をとらえた。インド人育種家のヴィル・ヴィララガヴァンが生みだした、モダンローズのハイブリッド・ギガンティアである。数歩離れたところには、〈セナトゥ・ラミック〉〔アミック元老院議員〕が見えた。この緋色のクライマーは、二〇世紀初期に、フランス人育種家のポール・ナボナンドが作出した。ナボナンドは、彼の時代の政治家から名前をとったが、第三共和国の政治家としてのアミック元老院議員の功績は、じつはほとんど知られていない。にもかかわらず、わたしの眼前でオリーブの木にからまるその薔薇によって、彼の名前が永らえるというわけだ。

称賛の言葉を言おうと、わたしはミセス・ブリシェを振り返った。彼女は、薔薇の神秘性に触れる喜びを、あたかもはじめてかみしめているかのように、ギガンティアのハイブリッドたちを穏やかな眼差しで見つめていた。それから、丘の頂上で生え広がった「エンプレス・オブ・ワイルドローズ」に顔を向けると、こくりとうなずいた。少し間を置いてから、「すごいことだと思いませんか?」とわたしに言った。「だって、あそこにある薔薇の全部が、中国南西部の丘で自然に咲いていた、たった一本の薔薇の木から生まれたんですよ」

世界薔薇会連合の会長をつとめたこともあるミセス・ブリシェは、南アフリカで生まれ育った。薔薇への強い興味は、ケープタウン近郊の祖母の庭で育まれたという。ドイツの大学に進んだ彼女が、ローマを旅行しているときに、将来の夫となるアンドレ・ブルシェと出逢った。ベルギー出身の彼は、森林専門家としてローマの国連食糧農業機構で働いていた。二人は一九七〇年代に、ウンブリア州ポルテッラの土地を購入したが、二人が住むことにした田舎家は、もともとは一四世紀に建てられた「サンタマリア」という名前の小さな僧院だった。フレスコ画のある小さなチャペルで結婚式を挙げたヘルガとアンドレは、ローマを本拠地として、週末や休暇だけをポルテッラですごしていた。ところが、一九七九年にアンドレが脳卒中の発作を起こし、それがきっかけで、二人は田舎に腰を落ち着けることにしたのである。

「本格的にガーデニングをはじめたのは、それからでした」。雨で濡れた背の高い草叢《むら》をわけ進んでいたわたしに、ヘルガが話しかけた。間もなく、興味の対象をチャイナローズに絞るようになったという。「てらいのないところに惹かれたんです……。チャイナローズには、眺める人のペースで美しさを発見させてくれるような、そんな奥ゆかしさがあるでしょう? 気を惹こうとする草や木は、わたしは嫌いです」。ヘルガは、オールドローズやモダンローズなど、チャイナローズ以外の薔薇を徐々に手放していった。

　そこかしこで咲くライラックやユダの木〔西洋ハナズオウ〕の花が、庭の背景に水色や紫がかったピンク色を添えていた。わたしたちは、まだ固い蕾をつけたシュラブローズの集まる一画を横切った。「寒気と雨のせいで、今年はどれもこれも開花が遅れてしまって……」と、ミセス・ブリシェは言った。その一画をちょうど立ち去ろうとしたとき、可憐なピンクの花を無数につけたシュラブが、わたしの目にとまった。ミセス・ブリシェがそれに気づき、「ああ、それね、五元って呼んでいるんですよ」と言った。それからその由来を話しはじめた。数年前、薔薇採集が趣味の友人同士で中国を旅行したおりに、雲南省にある「一万本の椿の僧院」〔椿で有名な玉峰寺〕の庭でこの薔薇を見つけた彼女たちは、枝を数本折って五元のお布施をし、イタリアまでもち帰ってきた。「一ドルもしないってわけ」。不均衡な交換に非難の色を示すかのように、ミセス・ブリシェは言葉を足した。とはいうものの、そのうちの一本から育ったシュラブを受けとった彼女が、大喜びしたことはまちがいない。

「ロサ・キネンシス・スポンタネアは、ご覧になったことがあるかしら？」。ミセス・ブリシェは、シュラブローズがおおった円丘に案内しながら、わたしに訊いた。それは、〈ロサ・ギガンティア〉同様に多くの薔薇が先祖とする、中国原産の傑出した種のようだ。彼女の期待を察しつつも、わたしは、見たことがないことを白状した。その〈ロサ・キネンシス・スポンタネア *R. chinensis spontanea*〉は、薔薇の歴史においてきわめて重要な種であるにもかかわらず、十九世紀の阿片戦争が終結し、ようやくヨーロッパ人が中国に入ることが許されるまで、西洋では未知の薔薇だった。一八八三年、イギリス人植物学者のオーガスティン・ヘンリーが、湖北地方の宜昌にある狭い峡谷で、はじめてその薔薇を目にしていた。しかしヘンリーのその発見は、一九〇二年の『ガーデナーズ・クロニクル』〔百五十年の歴史をもつ園芸家のための刊行物〕が出版されるまで、発表されることはなかった。一九一〇年、エドワード王朝のイギリスで最も名の知れた植物採集探検家のアーネスト・ヘンリー・チャイニーズ・ウィルソンが、四川地方の北部で植物探検をしていたとき、その薔薇を見つけた。それから国共内戦が勃発し、共産主義革命によって中華人民共和国が建国されると、ふたたび中国は西洋人に門戸を閉ざしたまま、二〇世紀の大半を送った。その薔薇を目撃したという話は、単なる伝説となった。それどころか、薔薇の存在自体を疑う者さえいた。その後、鄧小平が権力を掌握すると、中国は一九八〇年代になって、ゆっくり国を開放しはじめた。一九八三年、進取の気性に富んだ日本人植物学者の荻巣《おぎす》樹徳《みきのり》は、ヘンリーとウィルソンが見たという薔薇を求めて、四川省西南部への植物探検を計画した。

「探せるものなら探してみろと、グレアム・スチュアート・トーマスが樹徳を挑発したんじゃないかしら」とミセス・ブリシェは言った。そしてなんと、荻巣はそれを探しだしたのである。四川省南部の山岳地方に位置する雷波で、薄いピンクと赤味を帯びた花がこぼれ咲く大きなシュラブに、彼は遭遇した。この発見のニュースは、世界中の植物学者や薔薇蒐集家たちに興奮の渦を巻き起こした。荻巣は、同世代の薔薇採集家から、最も秀でた一人として一目置かれるようになった。数年後、植物調査のためにふたたび四川省を訪れた荻巣に、ミセス・ブリシェも同行していた。「四川省北部の平武の山中を車で走っていて、突然、地面の上に落ちているスポンタネアの花びらが目に入ったんです。それであたりを見まわしたら、どこもかしこもピンクの薔薇が花盛り。もう、わたしたち、気が狂ったようになってしまって……。背の高い薔薇の木がアーチをつくっているのを見て、また狂喜乱舞。でも、今度はピンクじゃなくて、深紅の薔薇でした。車を走らせているあいだ、どこを見わたしても薔薇が咲いていたんですよ。濃い赤から鮮やかな赤、ピンク、そして淡い黄色と、その色調の繰り返しが、ずっと頂上までつづいていたんです……」。ミセス・ブリシェはそこで足を止めると、息を吸い、こう言った。「あの光景を忘れたことは、一度だってありません。ちゃんと自分の目で見ているのに、頭ではなかなか認識できなくて、大混乱を起こしているような、そんな感じ……。もうどうしていいのか、自分でもわからないほどの感動でしたから」

調査団の一行は、帰路につく前にピクニックを楽しみ、写真もたくさん撮ったという。「そこを離れながら後ろを振り返ってみると、はるか遠くのほうで、一面をおおった薔薇のピンク色の濃淡が、まだはっきりと見てとれたんです」

わたしたちの目の前に立っている背の高い薔薇の木が、その調査旅行からミセス・ブリシェがもち帰った一枝だった。きびきびと枝を伸ばし、よく茂った薄緑の葉には艶があった。薄いクリーム色の蕾は、開くとピンク色に変わり、ときおり赤味を帯びているものもあった。

十八世紀末から十九世紀初期にかけて、ヨーロッパにはじめてチャイナローズが入ってきたころ、ヨーロッパの薔薇の育種家や蒐集家たちは、中国内陸部の丘や谷が、〈ロサ・キネンシス・スポンタネア〉や〈ロサ・ギガンティア〉のようなワイルドローズでおおわれているとは、予想だにしなかった。彼らはまた、スタッドチャイナをはじめ、中国の育苗園からカルカッタを経由して船で運ばれた多くの薔薇を、中国の富豪の庭を飾るべくして作出された園芸品種ではなく、ワイルドローズだと思いこんでいた。「貿易業者は中国の内陸部に入れなかったので、ヨーロッパの人たちは中国の薔薇に関して無知だったんです」と、ミセス・ブリシェは語った。わたしは彼女と言葉を交わしながら、西洋はまだまだ中国原産の薔薇について知るべきことがあり、中国へ調査旅行に行けば、少なくとも一つか二つは新しい発見があるのではないか、とふと思った。二〇世紀前半のイギリスで、ハースト博士が生みだしたスタッドチャイナの雛形は、なおも幅を利かせてはいても、いまでは融通がきかずに人を惑わせている感がある、とブリシェ夫人は遠まわしに言った。

たとえば、〈オールド・ブラッシュ〉とそれに似た多くの変種が、いい例である。そういった銀色を帯びたピンクの薔薇は、中国全土の村の庭で見られるような、ごくありふれた花なのだ。しかし、たしかに形と色が似てはいても、葉、習性、花弁の枚数、香りを比べてみると、それぞれが微妙に異なっている。たぶんそういった変種の多くは、明らかに名札もつけられないまま船でヨーロッパに運ばれ、より強い耐性と四季咲き性をもつ薔薇が生まれるように、ヨーロッパ原産の薔薇との交配がおこなわれた。結果、似たり寄ったりの子孫ばかり、誕生してしまったのだ。

ミセス・ブリシェは、〈オールド・ブラッシュ〉と、いわばその拡大家族といえるかなり多くの薔薇を、何年もかけて集めてきた。老女家長としての〈ロサ・キネンシス・スポンタネア〉を中心に、その大家族を植えている。というわけで、じつにたくさんの「ローザ・モチェニーガ」のそっくりさんにとり囲まれたわたしは、少々頭を混乱させながら、薔薇から薔薇へと移動し、花を見比べては葉をこすり、ときおり鼻をくんくんさせていた。名札のないシュラブローズが、突如としてわたしの注意を引いたのは、まさにそのときだった。わたしはおもむろにその薔薇のまわりを二周すると、葉と棘をよく見て、大雑把に花弁の数を数えた。それから、念入りな観察の仕上げとして、体をかがめて匂いを嗅いだ。それまで降っていた雨の滴が花びらにつき、花はしっとり濡れていた。午後の遅い時間帯は、通常であれば薔薇は香りを失っている。ところがわたしは、桃やラズベリーを彷彿とさせる、しかもふだんよりもまろやかな香りを、たしかにまだ嗅ぐことができた。夕暮れが迫る前の、おそらく最後の芳香を、その薔薇は放散していた。

わたしはミセス・ブリシェに、とりわけ気になった薔薇の出所を訊ねた。荻巣樹徳に同行した中国の旅でそれを見つけた、と彼女は答えた。「ロサ・キネンシス・スポンタネアを見つけたあと、わたしたちは山から下る田舎道を、お祭り気分で車を走らせていたんです。そのとき、道路脇の農家の軒先で咲いている、ピンクの薔薇に気づいたの。凄まじい音をさせながら急ブレーキをかけて、みんな車から一斉に飛び降りると、興奮気味に薔薇の写真を撮りました。それから、農家の主人に必死に頼みこんで、枝を分けてもらったんです。わたしたちきっと、頭のおかしい人たちだと思われたんじゃないかしら」

その薔薇は紛れもなく古い園芸品種の一つだと、ミセス・ブリシェが言った。「荻巣博士が、繰り返し花をつけますか、と農家の主人に訊ねると、ああつけるよ、と……。翌年の秋には、そのご老体が言ったことが、嘘ではなかったとわかりました」。彼女はそう話すと、わたしの想像力を刺激したシュラブローズのほうに目をやり、こくんとうなずいた。

パリ植物園でわたしが読んだノワゼットの目録の序文には、薔薇の特定を試みるときは、「特徴というものは気紛れで一定ではない」ため、「性急な判断」をくだすべきではない、という警告が書かれていた。まったくそのとおりなのだ。しかしわたしは、その薔薇にたどりつくまでに、かなり多くの同系統の薔薇を観察してきていた。たとえその薔薇が、ヴェネツィアのわたしの家の庭で育っている薔薇とおなじ品種ではなかったにせよ、弟か妹だと呼べるくらい近い種類であることは、このわたしにもわかる。

ルチアに関連した記録や資料に目をとおしていたときも、あるいはパリでノワゼットの目録を前にし、手がかりの発見に没頭していたときも、薔薇の謎は解明できると、終始わたしは思っていた。それが予告もなしに、見えざる手によって筋書きが書き変えられていた。わたしの「ローザ・モチェニーガ」が古代中国の血統であることの証となる、現存する親戚とでも呼べそうな、四川省北部を故郷とする愛らしいピンクの薔薇に、ミセス・ブリシェの庭で、とうとうめぐり逢ったのである。

わたしはこみあげる感情を必死に抑えながら、彼女に言った。

「これじゃないかと、思うんです」

ミセス・ブリシェは答えた。

「うーん……」

その小さなシュラブのまわりを一周し、興味を新たにじっくり観察するのは、今度は彼女の番だった。「ううーん……」

その瞬間、ふたたび雨が降りだした。「家のなかに入ってジャスミンティーでも飲みましょう。暖炉で足を乾かしてちょうだい」と、ミセス・ブリシェが言った。

わたしは笑いながら答えた。

「ええ、あとまわしになってた前置きも、お話ししますよ」

ウィリアム女史は、わたしを不憫《ふびん》に思ったようだ。ヴェネツィアに戻ると、こんな知らせが届いていた。

親愛なるアンドレア

徹底的に調査なさったようですね。薔薇の特定に望ましい結果がでなかったことは、とても残念です。通常、そういった薔薇は登録できないのですが、あなたのケースはひじょうに特殊だと思われますので……栽培品種の登録を承認するよう、わたしから会に推薦しておきましょう。

それを読んだわたしは手放しで喜び、正式な登録名称をどうすべきか、相談する返信を書いた。わたしが非公式に使っていた「ローザ・モチェニーガ」というイタリア語による命名は、果たして可能なのだろうか？

ウィリアム女史からは、「ローザ・モチェニーガ」は、学名命名法の条件を満たさないという返事がきた。なぜなら、国際栽培植物命名規約〔ICNCP〕によれば、栽培品種の薔薇の名前に、生物学上の属名、つまり「ローザ」〔*Rosa*〕を含むことはできないのだ。そして、こう書き添えられていた。

「けれどもし、単に〈モチェニーガ〉と呼ぶのであれば、問題ありません」

わたしは部屋をあとにし、祝賀気分で庭にでた。そのシュラブローズは、いまやわたしの肩の高さまで育ち、無数の花でおおわれていた。それまでに、五、六十輪の花が咲いていたにちがいない。銀色がかったピンクの雲が、芝生の上に浮かんでいる。わたしはふと、記憶と空の風呂桶について語ったマダム・ジョワイユの忠告を思いだした。あたりで平らな木片を探すと、穴をあけ、ざらざらした表面に〈モチェニーガ〉と書いた。それから粗末なラフィアのひもをつけ、低いところで伸びた薔薇の細い枝に、その名札をそっとかけた。

訳者あとがき

謎の薔薇。舞台はヴェネツィア。そう耳にしただけで心が躍る。しかし本書は、あのゴンドラがゆきかう島ではなく、イタリア本土のヴェネツィアの田舎を巡る冒険に、わたしたちを誘《いざな》う。貴族出身の著者、アンドレア・ディ・ロビラントの先祖がパリからもち帰ったと思わしき、ピンクの薔薇の謎が明らかになるまで、この本を閉じることは難しい（玄関のチャイムが鳴らないかぎり）。わたしたちは最終地点にたどりつくまでに、十九世紀初頭のパリと現代のヴェネツィアを行ったり来たりする。そして、本を読んだあとでは、薔薇を見る目が以前とちがっていることに気づく。

ところで、本書にもあるように、花好きは母親から受け継ぐことが多い。わたしも花好きの母親に育てられ、小さいころから花の名前を覚えた。もっとも、母は育てることを愛し、わたしは飾ることにしか興味がなかったが、その花好きが高じ、ロンドンのカレッジでフローリストの資格課程までとった。いまは亡きジェーン・パッカー（英国のフローリストの地位を向上させた貢献者）にも、店や教室を手伝いながら指導を受けた。当時、東京進出の誘いをようやく承諾した彼女が、日本人の花好きに驚き、敬意を表していたことを覚えている。花屋修業は楽ではなかったものの、店に足を踏み入れたときのむせるような花の「息」、そして作業場に充満する花の香りは、何ものにも代えがたかった。なかでも、顧客の結婚式用にジェーンが仕入れた、薄い紫の薔薇が忘れられない。芳しさのあまり、気絶するかと思ったほどだ。

じつは、薔薇の香りには苦い想い出がある。四、五歳のころ、母の「従姉妹会」に連れていかれたわたしは、大人の話に退屈し、花の咲く庭にでた。きれいな薔薇を見て、香りを嗅ごうとしたとき、不幸が起った。強く鼻を押しつけたわけでもないのに、一瞬にして花が落ちてしまったのだ。まるで、高価な人形の首が折れ、頭が落下するように――。とてつもないショックを受けたわたしは、母が恥をかくことを恐れた。知らんぷりを決めこみ、風の仕業にしようと思った。ほどなく、庭にでてきた母と従姉たちが、地面に落ちている薔薇を発見。結局わたしは、故意に「薔薇を折った子」になった。以来、薔薇は好きな花のリストから消えた。

それから幾星霜。二、三年前に薔薇好きの隣人から、切りたてのミニチュアローズをもらった。クリームから淡い緑に色が変化する花を愛で、花が終わって葉だけになっても、なかなか捨てられずにいた。すると、か細い枝が根をだしたので、鉢に植えてみた。数か月後、親指の先ほどの花が開いたときは、目を疑った。盆栽さながら、わずか七、八センチの木が花をつける、なんという薔薇の生長力！　ポロリと花がとれるもろさとのギャップに、わたしはふたたびショックを受けた。

薔薇は、わたしの好きな花のリストに復活している。本書に出会い、花屋の切った薔薇よりも、根のある薔薇に惹かれるようになった。とは言え、翻訳のために少々学ぶうち、薔薇界の奥深さにあとずさりする思いがした。専門家ではない自分が薔薇の本を訳すなど、畏れ多い。けれど、著者もまた門外漢だ。とくに薔薇好きでもなく、別の本を執筆していた著者が、あるきっかけから薔薇のルーツを追うこの冒険譚は、どんな読者をも魅了することまちがいない。

読後、薔薇を見るわたしの目は変わった。その美しさはわたしのためではなく、子孫を残すためなのだ。もし、ヴェネツィアからこっそりもち帰った「モチェニーガ」の枝が、日本の地に根づき、花が咲き、そして挿し木用の枝を薔薇好きの知人にわけ、それがまただれかの手にわたったら——などと夢想しながら、うちの緑のミニチュアローズがまだ堅い小さな蕾をつけたころ、本書を訳し終えた。

なお、薔薇の品種名、人物名などの外国語は、なるべく原語に近い表記にしたため、日本の薔薇界での慣例と異なる場合もあることを、お断りしておきます。

二〇一五年四月

堤けいこ

本書に登場した薔薇

本書に登場した薔薇の一部は、ピエール＝ジョゼフ・ルドゥーテの画集『薔薇図譜（*Les Roses*）』に描かれている。以下の図版はすべてルドゥーテ画。

ロサ・ガリカ・ウェルシコロル（p.31）

ロサ・ムルティフロラ・カルネア（p.28）

オールド・ブラッシュ（p.44）

ロサ・インディカ（p.43）

ロサ・エグランテリア（p.116）

ロサ・カニナ（p.116）

ロサ・ブラクテアタ（p.117）

ロサ・ガリカ（p.117）

ロサ・ダマスケナ (p.117)

ロサ・フェティダ (p.117)

ロサ・ケンティフォリア（p.142）

ロサ・ケンティフォリア・フォリアセア（p.134）

◆著者
アンドレア・ディ・ロビラント　Andrea di Robilant
作家。イタリア生まれ。スイスのインターナショナル・スクール、ル・ロゼイ高等学校を卒業後、コロンビア大学で国際関係学を学ぶ。その後ワシントンDCで、イタリアの日刊紙『ラ・スタンパ』の通信員を務める。現在はローマ在住。著書に『ヴェネツィアの恋文』（早川書房）ほか。

◆訳者
堤けいこ（つつみ・けいこ）
翻訳家・文筆家。ロンドン大学ゴールドスミス校大学院視覚芸術学部修士課程修了。1988年から2005年のあいだに3回渡英し、ロンドンで11年暮らす。雑誌『Casa Brutus』をはじめ記事の執筆多数。訳書に『文士厨房に入る』（みすず書房）、『母から伝えたい女性の美学』（バジリコ）、『使用人が見た英国の二〇世紀』（原書房）ほか。

カバー画像：ピエール＝ジョゼフ・ルドゥーテ『薔薇図譜（*Les Roses*）』より

ヴェネツィアのチャイナローズ

失《うしな》われた薔薇《ばら》のルーツを巡《めぐ》る冒険《ぼうけん》

●

2015年6月3日　第1刷

著者……………アンドレア・ディ・ロビラント
訳者……………堤《つつみ》けいこ
装幀……………村松道代（TwoThree）
発行者……………成瀬雅人
発行所……………株式会社原書房
〒160-0022 東京都新宿区新宿 1-25-13
電話・代表　03(3354)0685
http://www.harashobo.co.jp/
振替・00150-6-151594
印刷……………シナノ印刷株式会社
製本……………小高製本工業株式会社

ISBN 978-4-562-05163-2, printed in Japan